国际工程教育丛书

王玉明 谢喆平 王孙禺 李晶晶 编著

国际工程教育共同体建设研究

清华大学出版社

北京

图书在版编目(CIP)数据

国际工程教育共同体建设研究/王玉明等编著. —北京:清华大学出版社,2024.5
(国际工程教育丛书)
ISBN 978-7-302-66185-6

Ⅰ.①国… Ⅱ.①王… Ⅲ.①工科(教育)-高等教育-研究-世界 Ⅳ.①D649.1

中国国家版本馆 CIP 数据核字(2024)第 086456 号

责任编辑:马庆洲
封面设计:常雪影
责任校对:薄军霞
责任印制:丛怀宇

出版发行:清华大学出版社
   网 址:https://www.tup.com.cn,https://www.wqxuetang.com
   地 址:北京清华大学学研大厦 A 座 邮 编:100084
   社 总 机:010-83470000 邮 购:010-62786544
   投稿与读者服务:010-62776969,c-service@tup.tsinghua.edu.cn
   质量反馈:010-62772015,zhiliang@tup.tsinghua.edu.cn
印 装 者:河北鹏润印刷有限公司
经 销:全国新华书店
开 本:165mm×240mm 印 张:14.75 字 数:238 千字
版 次:2024 年 5 月第 1 版 印 次:2024 年 5 月第 1 次印刷
定 价:79.00 元

产品编号:103103-01

总　　序

近年来,中国工程院设立工程科技咨询研究课题,开展了"工程教育改革与发展研究""创新型工程科技人才培养研究""建立具有国际实质等效性的中国高等工程教育专业认证制度研究""院校工程教育的工程性与创新性问题研究""工程教育专业认证制度与工程师注册制度衔接问题的研究""国际工程教育合作战略研究""'一带一路'工程科技人才培养及人文交流研究""构建工程能力建设研究"等一系列课题研究。这些研究具有重要的理论意义和现实意义,是加快我国创新型国家建设的迫切需要,是推动工程师培养制度改革的需要,是促进工程科技人才培养与人文交流的需要。这些课题的研究有利于提出相关政策建议,对于深化工程科技人才培养、鼓励和引导工程科技人才成长具有重要的战略意义。

特别要强调的是,在中国工程院和清华大学共同申请和推动下,2015 年11 月经联合国教科文组织(UNESCO)第 38 次大会批准、2016 年 6 月联合国教科文组织国际工程教育中心(ICEE)在北京正式签约成立。该工程教育中心以联合国教科文组织"可持续发展"的宗旨和原则为指导,以推动建设平等、包容、发展、共赢的全球工程教育共同体为长期愿景,围绕全球工程教育质量提升与促进教育公平的核心使命,致力于建设智库型的研究咨询中心、高水平的人才培养基地和国际化的交流合作平台。

目前,国际工程教育中心研究人员牵头承担或作为核心成员参与联合国教科文组织、中国工程院、国家自然科学基金委、国家教育部委托的重大咨询研究项目,在提升中心的国际影响力、政策影响力和学术影响力等方面发挥越来越大的作用。

为了更好地反映国际工程教育发展的过程和趋势，反映工程教育中心的研究成果，拟将近年来完成的报告、论文等汇集出版。

这些资料真实地记录了近些年来我国工程教育研究的发展进程。这些成果作为工程教育的研究方法和政策过程是有一定的回顾意义和现实意义的，反映了我国工程教育发展进程中的历史价值，以供后来者对工程教育研究历史进行梳理和追溯。

世界处于百年未有之大变局中，工程科技突飞猛进既是百年变局的一项基本内容，也是百年变局的基本推动力量。全球科技创新进入空前密集活跃的时期，这对于工程领域人才培养和人文交流模式变革，对于提高国家竞争力都提出了非常迫切和现实的要求。可以说，这就是我们编写和出版此书的意义所在。

培养造就大批德才兼备的卓越工程师，是国家和民族长远发展大计。工程教育和工程师培养是国家人才战略的重要组成部分，人才培养为推进新型工业化、推进中国式现代化提供了基础性战略性支撑。当前，广大工程教育工作者和广大工程师以与时俱进的精神、革故鼎新的勇气、坚韧不拔的定力、不断突破关键核心技术，铸造精品工程、"大国重器"。

工程教育界的同仁们牢记初心使命、胸怀"国之大者"，矢志爱国奋斗、锐意开拓创新，不断提升国家自主创新能力，更好满足人民日益增长的美好生活需要，为加快实现高水平科技自立自强、建设世界科技强国作出突出贡献。

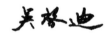

2024 年 1 月于北京

[吴启迪，教授，联合国教科文组织国际工程教育中心（ICEE）副理事长兼中心主任，清华大学工程教育中心主任，曾任教育部副部长、同济大学校长等职。]

目　　录

第一章 概　　述

发展工程科技和工程教育,是世界各国实现联合国 2030 年可持续发展目标的科技基础和人力资源基础。然而,长期以来,世界各国之间工程教育发展存在显著差距,全球工程教育治理的主导权也一直掌握在发达国家手中,其基本图景由发达国家决定。近年来,新冠疫情暴发和全球蔓延,对世界各国形成猛烈的冲击,对大国关系和全球治理产生了重要影响。

如何在新形势下推进全球工程教育合作,是本研究要尝试解决的关键问题。这一问题又可分解为若干个子问题:全球工程教育国际合作面临怎样的挑战和机遇? 国际工程教育合作的现状是什么? 中国在工程教育国际合作中扮演着怎样的角色,还存在哪些突出问题? 我国需要以什么样的基本理念来推动国际工程教育合作? 未来工程教育国际合作的目标、举措及政策建议是什么?

国际工程教育共同体是以促进培养高质量、负责任的工程师为宗旨,通过共商标准、共建机制、共享资源形成的国际伙伴关系和国际治理体系,是基于工程与人类未来发展关系共识的信念共同体、规则共同体、行动共同体和利益共同体,核心是建立新型伙伴关系和治理体系。

一、推进国际工程教育合作的背景

联合国教科文组织国际工程教育中心(ICEE)致力于构建以平等、包容、发展、共赢为基础的全球工程教育共同体,支撑经济社会的可持续发展,推动人类共同文明和进步。这不仅符合世界工程教育发展的潮流,也与中国提出的"一带一路"倡议,构建人类命运共同体的全球治理理念高度契合。

当前,我们需要从全球发展的战略高度分析国际工程教育的现状、趋势和问题,总结国际工程教育合作组织的发展经验,提出国际工程教育共同体建设的战略思路和全局性、制度性体系的建设目标。同时,需要基于国际工程教育合作战略的趋势与前沿,通过广泛深入的调查研究、准确翔实的数据资料、丰富多样的案例分析,深化国际工程教育合作战略相关研究成果,直接支持国际工程教育中心建设工作,为中国工程教育走出去提供战略咨询,并推动世界各国特别是发展中国家的工程科技人才培养。

由于世界各国的工程教育发展长期存在差距,一直以来,国际工程教育合作更多呈现了持续的单向性特征,即发展中国家向发达国家的单向学习和工程教育师生的单向流动;同时,发达国家所输出的不仅是工程教育理念,也输出课程实践以及工程教育项目。易言之,全球工程教育的基本图景主要由发达工业国家所决定。这一趋势在未来一段时间里仍将持续,难以发生根本性变化。全球化与逆全球化交织,国与国之间摩擦升级,使得原来相对稳定的国际关系变得更为脆弱甚至有破裂的风险,全球化面临着巨大挑战,新冠疫情的暴发更加剧了国际合作的不稳定性。

二、构建国际工程教育共同体

国际工程教育共同体合作机制构建。联合国教科文组织根据战略重点,面向联合国 17 项可持续发展目标,在新一轮科技革命和产业革命背景下,努力探索建立国际工程教育组织的合作机制。国际工程教育组织合作机制的目标,是按照国际标准培养工程人才,充分利用全球工程教育资源,面向世界培养合格的工程科技人才。国际工程教育组织根据各国国情建立适宜的合作机制,以多种方式开展国际合作,形成政府、高校、企业、科研机构、行业协会以及社会团体共同参与的国际工程教育多元化机制,共同推进全球工程教育发展,为全世界的可持续发展做出贡献。其目标是结合联合国可持续发展目标对工程科技的需求,围绕联合国教科文组织优先战略领域,建立国际工程教育共同体合作机制。

国际工程教育共同体流动机制构建。国际工程师认证体系、国际流动机制以及激励保障措施等,深刻影响着国际工程师的流动。搭建国际工程师认证体系、制定合理的流动机制、实施激励保障措施,是国际工程教育共同体建设的主要内容。应依据不同地区、不同国家的经济、教育发展状况,以多领域结合、多层面交叉、多速率发展的不同模式建设国际工程教育共同体。多领域,即政治、经济、工业、文化、教育相结合;多层面,即全球、地区、国家、多边及双边相交叉;多速率,即发达国家、发展中国家、欠发达国家以及新兴经济体国家以不同的发展速度与其国力状况相匹配。其目标是秉承联合国教育公平、普惠平等的发展理念,在具有国际实质等效性的基础上,制定国际工程师认证体系,建立国际工程师合理流动机制。

国际工程教育共同体合作组织构建。为推动国际工程教育共同体建设,巩固和扩大现有国际合作渠道,与典型国际组织建立常态、稳定、有效的合作协作机制,是当前国际工程教育发展的重要目标。和平发展、合作共赢是通往这一目标的关键路径,"一带一路"建设是实现这一目标的重要抓手。国际工程教育共同体建设强调平等、包容、发展、共赢的发展理念,建立"一带一路"工程教育合作组织,是国际工程教育共同体建设战略的重要组成部分。其目标是对典型国际工程教育组织合作规则、合作形式以及合作内容等进行深入研究,建立广泛的工程教育合作组织,为实现国际工程教育共同体建设发展目标贡献集体智慧。

三、实现国际工程教育合作的新型价值取向

构成国际工程教育共同体的有国际组织、各国政府、大学、企业、工程教育研究者等各类主体。通过构建一系列的合作机制、流动机制、组织机制等,促进主体间沟通、交流,互信互认,形成的共同协作、相互促进、发展共赢的新型合作模式。

全球工程教育发展不平衡、工程科技人才培养与产业结构不匹配、世界各国间工程科技竞争加剧、疫情之下世界格局与国际秩序重组的风险等因素加剧了当前工程教育国际合作的复杂性与不确定性。然而,联合国可持续发展目标需要 193 个会员国的共同努力。开展全球工程科技合作是时代要求、大势所趋,不以个别国家的意志为转移。"一带一路"建设项目为中国与沿线国家的工程科技合作奠定了良好的合作基础,特别是一些发展中国家,急需培养多种类型的工程科技人才,加强工程能力建设。中国长期以来与国际工程教

育组织建立了广泛的合作关系,并在其中一直扮演建设者、贡献者的角色,有能力在国际治理体系中发挥更大作用。

国际工程教育共同体是全球工程教育合作的新型价值取向,旨在共享各种工程教育资源,促进科技人才的国际流动,实现全球工程教育协同治理,进而推动国际工程教育平等、包容性发展,共享共赢国际工程教育改革与发展成果。

四、提升中国工程教育国际影响力

全球化时代的工程教育发展,需要各国、各方互信互认、协同治理,进而广泛地提升工程教育的质量,促进工程师的跨国、跨区域流动。因此,基于协同合作的国际工程教育治理共同体是国际工程教育共同体建设的一个极其重要的维度。

首先,要推进"共商、共建、共享"的全球工程教育治理观;其次,要从人员参与机制、标准制定机制、信息共享机制等方面,增强中国在全球工程教育治理中的作用,进而为实现全球工程教育协同治理贡献力量;最后,通过协同治理,重塑国际工程教育合作机制、流动机制、组织机制,实现国际工程教育共同体的战略目标。

实现国际工程教育共同体的总体目标,推动工程教育领域内的标准建设、组织建设、人员流动、合作创新,是对我国工业强国建设和大变局背景下工程教育发展的重大挑战,也是建设平等、包容、合作、共赢的国际工程教育共同体,提升中国工程教育的国际话语权和影响力的重大机遇。

总之,本研究从组织结构、治理模式、伙伴关系、交流载体、效果评价等多方面,对中日韩工程教育圆桌会议、欧洲工程教育学会、国际工程教育学会联盟、亚太工程组织联合会、世界工程组织联合会等典型国际工程教育组织进行案例分析。从质量保障与人才流动的视角,分析国际工程联盟的协议互认体系,探讨《华盛顿协议》《悉尼协议》《都柏林协议》的工程专业认证标准,比较分析不同层次标准体系的区别与联系,最后基于人才流动的视角,提出工程师全球胜任力的维度内涵,以及国际工程教育共同体流动机制的构建框架。

由此,本研究提出四大战略举措:举措一,坚持平等协商原则,在联合国教科文组织的支持下,促进包容性的全球工程教育标准体系建设,积极促进全球工程科技人才流动。举措二,采取共同行动,支持发展中国家工程能力建设,共同解决区域工程教育发展不平衡问题。举措三,促进产学合作,科教融合,促进产业链、教育链、创新链的协同,解决工程人才培养与产业结构不匹配的问题。举措四,在国际工程教育合作过程中倡导工程教育共同体理念,以合作促进发展、共赢。在此基础之上,本研究提出若干建议;第一,建立硕士层次的工程教育认证体系;第二,推动工程师资格国际认证;第三,打造我国工程教育国际合作示范平台;第四,促进国际工程教育治理的深度参与;第五,促进"一带一路"国家高质量工程人才建设。

第二章 国际工程教育共同体的内涵、维度及理念

一、共同体的概念内涵、外延及其发展

明确共同体的概念内涵,厘清相关概念的区别与联系,是构建国际工程教育共同体的重要前提。本研究以"共同体"为关键词,在中国知网检索到关于共同体的相关研究文献,由图 2-1 可以看出,当前共同体的研究主要集中在人类命运共同体、欧洲共同体、"一带一路"战略推进等方面。其中,对于人类命运共同体的研究占 14.66% 的比例。人类命运共同体是习近平总书记在党的十八大报告中提出的,倡导坚持和平发展道路,推动构建人类命运共同体,共同应对全球性挑战。疫情当前,人类的命运与地球家园是紧密相连的,当人类命运共同体意识逐渐深入各个国家、各国人民,对其研究占比最多也不足为奇。除了从全球、欧洲、国家等横向各地域层面关于共同体的研究,也有从纵向各领域的划分研究,如学习共同体(占 3.46%)、科学共同体(占 1.72%)、政治共同体(占 1.65%)及社群主义(占 2.60%)等(见图 2-1)。

可见学界对共同体研究的关注度较高,故本章从"共同体"的概念入手,循序渐进地梳理了政治经济共同体、区域共同体、教育共同体、学术共同体、学习共同体、人类命运共同体等相关概念的内涵、外延及发展趋势,进而对国际工程教育共同体的概念体系做了全面的分析。

(一)早期的"共同体"思想

在有文字记载的中国历史中,实际上存在着中华民族如何从最早的家园

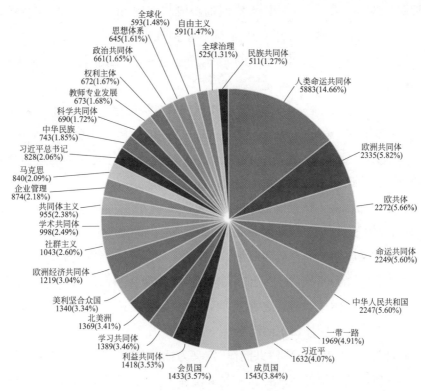

图 2-1　关于共同体的研究文献占比

来源：ICEE 根据知网数据整理绘制

式共同体走向国家共同体历程的全部记录。"共同体"的中文词源可追溯至"家"这个词。

　　家的变化，与各国之间的战争需要编户齐民有关，以此来控制资源、动员其人力。郡县制最早出现于春秋时的楚国，在战国时期被各国借鉴普及，国与家就此结合，成为新形态的共同体。经春秋战国与秦汉之变，封建制发展为中央集权的郡县制，政治上的贵族共同体演变为官僚共同体，它们与大量宗谱、族谱中体现的同族共同体组成了中国社会的基本结构和古代中国的国家形态。

　　中华文明中诸多伦理规则和制度设计，都源自不同层次和种类的共同体实践，并在从血缘共同体发展成为超大型国家共同体的进程中发挥了重要的推进作用。要形成民族，不仅要有扩大合作范围的想象，而且需要人们扩展自己的社会实践范围，民族的形成是人们所进行物质生产合作过程和精神交流的长期互动的结果。中华民族大家庭的形成与延续,正是中华民族共同体精神与实践相结合的展现。与想象、认同等精神现象相比,人们之间的互动、沟通交流与实践是民族共同体形成的关键,而想象和认同等精神纽带,也需要在人们的合作之中才能逐渐浮现与强化①。

在西方,共同体是一个含义广泛、指向松散且历史悠久的概念。"共同体"所对应的英文是"Community"。"Community"一词最普遍的意义是"社会"并衍生为"居民""地区""社区"。但是,"团体"这个含义才是该词的最初含义。一种说法是该词语出自拉丁词汇 Communit(团体),还有一种说法是该词的真正源头和 Common(普通的,公共的)一样来源于 Communis(共同)一词。Community 其实就是 Com-词缀和 Unity(联合)一词的组合。

在西方文明萌芽的古希腊时期,亚里士多德就已经提出人们存在于一个共同体中,对善的共同追求使人们获得了相应的利益②;而国家本身是一个具有道德性的共同体,是"必要之善"。亚里士多德等人对共同体的观察与评价,是西方思想史对共同体认识的起点。

波普兰(D. E. Poplin)将"共同体"定义为社区、社群以及在行动上、思想上遵照普遍接受的道德标准聚合在一起的团体③。美国康奈尔大学讲座教授安德森在其著作《想象的共同体》中指出,民族是一种"想象的政治共同体",之所以是想象的,"因为即使是最小民族的成员,也不可能认识他们大多数的同胞,与他们相遇,或者(甚至)听说过他们,然而,他们相互联结的意象却活在每一个成员的心中"。因此在他看来,只有靠面对面接触产生的原始村落才是真正的共同体,所有成员之间没有面对面交流的一切更大的共同体都是想象的产物④。由此可见,沟通交流、进而合作共赢发展是共同体形成的关键。

(二) 多学科视角下的"共同体"概念

1. 哲学视角下的"共同体"

"共同体"思想是对经典马克思主义有关思想的创造性发展。关于人与自

---

①④　王湘穗. 三居其一:未来世界的中国定位[M]. 武汉:长江文艺出版社, 2017:80-82.

②　冉光芬. 哲学视域下的"人类命运共同体"[J]. 思想政治课研究, 2019:9.

③　张志旻, 赵志奎, 任之光, 等. 共同体的界定、内涵及其生成[J]. 科技政策与管理, 2010:15.

然的共同体关系,马克思认为:"在实践上,人的普遍性正是表现为这样的普遍性,它把整个自然界——首先作为人的直接的生活资料,其次作为人的生命活动的对象(材料)和工具——变成人的无机的身体。自然界,就它本身不是人的身体而言,是人的无机的身体。人靠自然界生活。这就是说,自然界是人为了不致死亡而必须与之持续不断的交互作用过程的、人的身体。所谓人的肉体生活和精神生活同自然界相联系,也就等于说自然界同自身相联系,因为人是自然界的一部分。"①马克思的上述论述亦是一种人与自然的共同体思想。在马克思所处的时代,工业革命正在蓬勃发展,马克思也对借助于科学改变世界,从而解放人类,充满信心和期待。然而,一个多世纪之后,工业革命的发展不仅极大地造福于人类,而且也带来了危及人类生存的生态危机。

关于人与人之间的共同体关系,马克思、恩格斯在《德意志意识形态》中曾写道:"各民族的原始闭关自守状态则由于日益完善的生产方式、交往以及因此自发地发展起来的各民族之间的分工而消灭得愈来愈彻底,历史也就在愈来愈大的程度上成为全世界的历史。"②而关于未来人类社会之前景,马克思、恩格斯则预言道:"代替那存在着阶级和阶级对立的资产阶级旧社会的,将是这样一个联合体,在那里,每个人的自由发展是一切人的自由发展的条件。"③对于社会主义民族国家而言,加强民族共同体的建设便成为题中应有之义。同时,对于世界而言,随着经济全球化的发展,各个国家之间的共同利益关联日益增多,面对全球性问题,必须通过沟通交流与共同协商,构建人类命运共同体④。

2. 社会学视角下的"共同体"

社会学视角下的"共同体"概念可追溯至启蒙运动中洛克和卢梭所提出的社会契约论。社会契约论认为,政府和人民之间缔结了一份"社会契约",政府

---

① 马克思. 1844年经济学哲学手稿[M]. 中共中央马克思、恩格斯、列宁、斯大林著作编译局,译. 北京:人民出版社,2000:56-57.

② 马克思,恩格斯. 德意志意识形态[M]//马克思恩格斯选集:第1卷. 中共中央马克思、恩格斯、列宁、斯大林著作编译局. 北京:人民出版社,1972:51.

③ 马克思,恩格斯. 共产党宣言[M]. 中共中央马克思、恩格斯、列宁、斯大林著作编译局,编译. 北京:人民出版社,2014:51.

④ 王南湜. "共同体"命题的哲学阐释[N]. 光明日报,2019-08-12. http://theory. people. com. cn/n1/2019/0812/c40531-31288449. html.

的职能是保护人民的权利,如果政府与人民发生争执,人民有权利"解除契约",最后只会导致政府解体,不会导致国家解散。至此,共同体将国家和人民联系起来,而不是与政府相连。

在社会学中明确提出共同体一词的是德国古典社会学家滕尼斯。在其著作《共同体与社会》中,把共同体(community)从社会(society)的概念中分离出来。从此,"共同体"成为一个现代社会学的概念。滕尼斯用"共同体"来表示建立在自然情感一致基础上、紧密联系、排他的社会联系或共同生活方式,这种社会联系或共同生活方式产生关系亲密、守望相助、富有人情味的生活共同体。在滕尼斯看来,"共同体"主要是以血缘、感情和伦理团结为纽带自然生长起来的,其基本形式包括亲属(血缘共同体)、邻里(地缘共同体)和友谊(精神共同体)。滕尼斯把"共同理解"(common understanding)、"自然而然地出现"(coming naturally)作为共同体区别于激励争吵、你死我活的竞争、讨价还价和互相吹捧的世界的特征①。

英国著名社会学家齐格蒙特·鲍曼在其著作《共同体》中针对滕尼斯的共同体概念进行了反思和重构,并提出了共同体所面临的现实挑战。既然"共同体"意味着一种"自然而然""不言而喻"的共同理解,一旦理解变得不自然,需要大声叫嚷、声嘶力竭时,它就不会再存在下去②。

在社会学理论框架中,人类历史上形成的由共同生活中某种纽带联结起来的稳定的人群集合体,即人群共同体,包括以血缘关系为纽带形成的氏族和部落,以婚姻关系和血缘关系为纽带形成的家庭,以共同的经济生活、居住地域、语言、历史和文化心理素质为纽带形成的民族等。

3. 政治学视角下的"共同体"

政治学视角下的"共同体"是具有共同的政治利益、公认的政治机构和特定的居住区域的人群所构成的社会集合体。由一定范围内的人群所形成的国家,拥有共同的语言、文化、种族、血统、领土、政府或者历史的社会群体,是阶级统治的工具,也是典型的政治共同体。

政治共同体以成员间的共同政治利益为基础,组建共同的行政机构,通常

---

① 张志曼,赵志奎,任之光,等.共同体的界定、内涵及其生成[J].科技政策与管理,2010:15.

② [英]齐格蒙特·鲍曼.共同体[M].欧阳景根,译.南京:江苏人民出版社,2003.

具有权威的法律、制度、规约来约束以及统治其他成员。这是政治共同体与其他共同体以及一般政治团体的主要区别。

从全球视野来看,政治共同体包括国内和国外两个部分。任何民族国家内部,必然存在着各种具有共同政治利益和政治权威机构的社会集合体,这些政治共同体是保证国家政治生活有序性的重要基础。国际政治共同体一般是不同的国家出于共同的利益需求而组成的政治集团,并且往往通过构建一系列对话协商机制,来协调彼此之间的利益诉求。

当代有影响的西方政治学家都很重视政治共同体这一概念,但他们的理解则不尽相同。亨廷顿认为,政治共同体的基础有种族、宗教、职业和共同的政治机构。形成政治共同体,需要三个基本条件:一是对政治和道德规范的某种共识;二是共同的利益;三是体现道德一致性和共同利益的政治机构及政治制度。朵伊奇则认为政治共同体与政治系统类似,是"辅之以强制和服从的社会互动者",由各种各样的政治行动者构成。哈斯认为政治关系,尤其是公共的政治权利以及公民对核心政治机构的忠诚,是形成共同体的最主要要素,它是一个理想的、典型的政治单元。地理区域不再是划分政治共同体的标准。伊斯顿认为政治共同体是政治系统的重要组成部分,是由政治分工产生的群体,作为联结成员的纽带的政治共同体,其基本功能是情感的联结,把政治共同体看作是联结政治系统成员的一种纽带,最基本的要素是情感的联结。

4. 经济学视角下的"共同体"

经济学视角下的"共同体"是主要围绕经济贸易所形成的共同体。欧洲经济共同体是欧洲共同体中最重要的组成部分。欧洲经济共同体又称欧洲共同市场,与欧洲煤钢共同体、欧洲原子能共同体共同组成欧洲共同体。"二战"后,国际关系新格局形成,被战争削弱的欧洲国家为了抗衡美苏两霸,走向了联合自保与自强的道路。1957 年 3 月,法国、联邦德国、意大利、荷兰、比利时和卢森堡六国,在罗马签订了《建立欧洲经济共同体条约》,提出"通过本条约,在缔约国间建立一个欧洲经济共同体"。目标是"通过共同市场的建立和各成员国经济政策的逐步接近,在整个共同体内促进经济活动的发展,不断的均衡的扩展,日益增长的稳定,生活水平的提高以及各成员国间越来越密切的关系"。条约还规定:在各成员国之间取消商品进、出口的关税和定量限制,以及具有同等影响的一切其他措施,建立共同的农业政策、运输政策等。欧洲经济共同体总部设在比利时首都布鲁塞尔。该组织是西欧主要资本主义国家组成的一个政治和经济集团,与许多国家缔结了贸易协定、合作协定等,并向不少国家和国际组织派驻了代表团。

欧洲经济共同体的成立由以下几点因素推动:第一,生产力发展的迫切需要。"二战"后,生产力大大提高,经济协作范围更加广阔,生产和资本不断国际化,许多大型跨国公司出现,西欧六国经济联系变得更加密切。如何协调不同国家之间的经济关系,需要一个公认的权威性国际机构进行协调。第二,"二战"后,各国为促进经济发展,普遍加强了国家对经济的干预,特别是国家垄断资本主义的高度发展为国际间的协调提供了基础。国际协调实际就是国家干预经济的原则在国际间的运用。第三,战后初期西欧各国受到苏联威胁,不得不依赖美国的保护,但这又导致了西欧与美国之间的政治不平等,经济上受约束,失去了往日的大国地位。单靠一国的力量根本无法与美苏相抗衡,只有加强各国之间的联合,才能维护他们在欧洲乃至世界上的地位。因此,战后国际形势的发展与西欧地位的变化促使西欧国家走上联合的道路。第四,美国战后初期的对欧政策,例如马歇尔计划,一定程度上推动了西欧国家间的联合。美国在推行马歇尔计划的时候,要求西欧各国联合起来向美国提出一个总的援助计划,并且承诺减少关税和贸易壁垒。这在客观上,有意无意地促进了欧洲一体化的进程。

5. 教育学视角下的"共同体"

"学习共同体"(learning community)或译为"学习社区"。学习共同体强调在学习过程中通过人际沟通、交流和分享各种学习资源,进而不同的学习者、教学者及其他助学者之间形成相互影响、相互促进的关系。它与传统教学班和教学组织的主要区别在于强调人际心理相容与沟通,强调在沟通中学习,在学习中发挥群体力量的作用。

学习共同体改变了传统教学中的学生观、学习观。传统教学中,学生的学习以教师的讲授为主,然而,任何一种学习活动的发生,都有赖于学习者与周围环境的互动交流,甚至包含学习者与其自身的反思性对话。因此,有效促进学生的学习,必须推动教学活动中的互动交流。学习共同体互动交流图如图 2-2 所示。

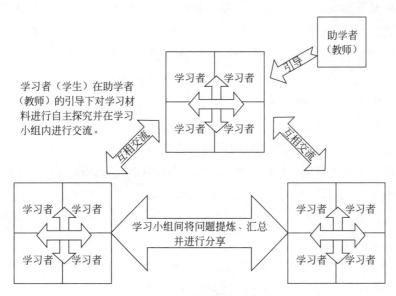

图 2-2　学习共同体互动交流

来源:ICEE 整理绘制

推动教学活动中的互动交流,需要发挥教师作为助学者的引导作用。利用学习小组、兴趣小组、团队合作等形式,设计协作性学习任务,加强对学习过程监测的过程性评价,促进学习者与其他主体间的沟通交流。

(三) 技术革命推动下的现代"共同体"

近年来,随着现代信息和交通技术推动的全球化进程,人与人之间、群体与群体之间联系和交往的纽带已经不再受到传统的血缘和地域的局限,社区的共同体色彩逐渐淡化,社区也不再是共同体的代名词。

目前,关于共同体的学术争论仍然没有定论。其中一种观点认为,共同体是个宽泛的概念,那些成员因为家族、地域、志趣等自然因素而结合,以满足成员需求为目的而产生的组织都可以视为是"共同体"。一个组织、一个社区、一个地区、一个国家甚或是整个人类社会,都可以分别看作是"共同体"。共同体组织的极端典型是民族国家;而"功能体"组织则是指为了达成外在目的而形成的如企业和军队的组织。另一种具有一定代表性的观点认为,"共同体"有别于社会、社区、组织等其他社会结构。共同体组织一定具有自己的共同目标。具有共同目标的一群人可以称作利益共同体,它是形成组织的基础,但共同目标只是形成组织的必要条件而非充分条件。有学者给"共同体"作了描述性的定义"共同体是一个基于共同目标和自主认同、能够让成员体验到归属感的人的群体"。还有许多学者认为,共同体只是一个充满想象的"精神家园"。这些争论的实质,在于指出组成人类共同体的不同要素和方式的差异。

实际上,作为一类集体性的生物,组建共同体几乎是人类的一种本能。人们依靠这种组织化能力形成的合作,战胜了所有竞争对手,登上了生物链的顶端。作为生命个体,人有"自私的基因";作为群体生物,人也存在着有利于种群延续的利他性基因。在群体性的生存过程中,人们通过生存竞争的经验和文明教化,平衡利己与利他集于一身的矛盾,维持人们之间的合作。由此产生的人类组织,能够创造出高于个体的生存能力。这是人类延续至今并占据自然界高位的秘籍。

由于地理的隔绝和技术限制,在历史上从未出现过全人类的共存与共生。因此,对人类共同体,人人可以想象、阐述,却无法说清楚,也难以说服他人。更关键的是,人类通过组织化方式完成生存竞争的同时,也与其他的人类共同体形成了竞争关系,这一点在生产资料和生存资源的"匮乏时代"尤为突出。匮乏产生封闭,决定"口粮"分配的关键是区分"你""我",这是最基础的生存竞争。富足倾向开放,有余粮是形成专业分工、建设市镇、养活工匠和劳心者的前提。随着生产力提高和技术进步,人们合作的范围总在扩展,把外部竞争转变为内部消化,有利于避免生死存亡的对抗,可以降低社会发展成本,这是推动新的更大共同体形成的内在动力。

在今天的生产力水平上,人类历史性地告别"匮乏"进入"富足"时代。物质基础决定人类有条件实现共同生存,不必因生存竞争而相互杀戮,可以合作建设一个可持续发展的全球体系。这为人们真正从全人类的角度去认识和解决问题创造了条件,为建设真正意义上的人类共同体奠定了基础。

从人类共同体发展历史的实践看,在不同生产力水平、不同文明背景、不同社会发展的各个历史阶段,出现过多种多样的共同体。在时间的纵轴上存在着从氏族、部落、部落国家、城邦国家与诸侯国家、民族国家的王国与帝国、民族国家的大致发展线索,虽然也有过许多反复和变化,如王国的解体、分裂导致的坞堡或城堡的经济、政治共同体的长期存在,但人类共同体的发展总体上呈现出由血缘向地缘、业缘扩散,由单一向复杂、由近及远、由小到大的基本趋势。从空间的横向观察来看,人类共同体越来越多样和丰富,跨界民族、移民群体、种族群体及政治共同体、经济共同体、科学共同体、学习共同体、职业共同体等越来越多的共同体进入人们的视野。作为一种社会性生物，人类生存、繁衍、发展都要在共同体中才能完成①。

（四）当代中国对"共同体"理念的诠释

党的十八大以来，习近平总书记提出了"人与自然是生命共同体""构建人类命运共同体""培养中华民族共同体意识"的理念。

在如何处理人与自然的关系方面，习近平总书记指出，"人与自然是生命共同体，人类必须尊重自然、顺应自然、保护自然。人类只有遵循自然规律才能有效防止在开发利用自然上走弯路，人类对大自然的伤害最终会伤及人类自身，这是无法抗拒的规律"②。因此，必须"坚持人与自然和谐共生，建设生态文明。这是关系到中华民族永续发展的千年大计"③。

在处理人类与世界的关系方面，习近平总书记还指出，"中国共产党是为中国人民谋幸福的政党，也是为人类进步事业而奋斗的政党。中国共产党始终把为人类做出新的更大的贡献作为自己的使命"④，呼吁"各国人民同心协力，构建人类命运共同体，建设持久和平、普遍安全、共同繁荣、开放包容、清洁美丽的世界"⑤。

在处理民族内部关系方面，我国是一个多民族国家，必须加强中华民族大团结，长远和根本的是增强文化认同，建设各民族共有精神家园，积极培养中华民族共同体意识。

一方面，"人与自然是生命共同体""人类命运共同体""中华民族共同体"三种"共同体"之间存在着内在同一性，即它们所强调的是其组成部分或成员之间的整体性、和谐性，无论这种整体性、和谐性是一种客观存在状态还是一种价值目标。另一方面，三种"共同体"之间也具有一定的差异性。"生命共同体"，是人与其所生存于其中的自然之间血肉相连、休戚与共的共生关系，在某种意义上它所指的是自然性的、永恒性的存在；人与自然之间的共同体关

---

① 王湘穗. 三居其一：未来世界的中国定位[M]. 武汉：长江文艺出版社，2017：76-79.

② 习近平在中国共产党第十九次全国代表大会上的报告. 2017年10月18日.

③ 《决胜全面建成小康社会，夺取新时代中国特色社会主义伟大胜利》（2017年10月18日），《习近平谈治国理政》第三卷，外文出版社2020年版，第16-21页.

④ 中共中央宣传部《中国共产党的历史使命与行动价值》. 2021年8月26日.

⑤ 习近平在中国共产党第十九次全国代表大会上的报告. 2017年10月18日.

系,表明的是一种客观实在的事实,既然人与自然休戚与共,那么,作为人类便必须像爱护自身生命一样爱护自然,即要求人类以维护这一生命共同体为价值理想,就必须尊重自然、顺应自然、保护自然。

关于人与人之间的命运共同体,这一类关系尽管有着客观的历史条件为前提,但同人与自然之间的关系不同,是人类通过自身的活动历史地建立起来的,是伴随经济全球化进程而带来的各国之间的命运相关性,是近代以来历史地形成的。而"中华民族共同体"则介于两者之间,中华民族作为一种历史的形成,自然具有历史性,但由于这一历史时段长达数千年之久远,且又在一个共同的地理空间中展开,因而又在很大程度上具有某种自然性,从而使得这一共同体成员之间亦具有血肉相关、休戚与共的准自然性、准永恒性。"中华民族共同体"与"人类命运共同体"这两种共同体的区别就在于:前者是基于中华民族数千年的历史发展而构成的客观的历史性存在,是在既有存在的基础上的"建设"和"培养";后者则主要是基于经济全球化历史进程所展示的人类共同命运之前景,没有哪个国家能够独自应对人类面临的各种挑战,也没有哪个国家能够退回到自我封闭的孤岛①,因此,需要各国各地区政府、人民及国际组织共同构建。

这些共同体的思想与理念,也是对中国传统哲学思想,特别是儒家哲学"天人合一""民胞物与""四海之内为一家"等传统思想的弘扬和发展。基于血缘关系的"家"的共同体观念在中华民族传统思想体系中具有根本性意义,中华民族的全部价值观念都是建立在"家"这一共同体观念之上的。这是与西方哲学观念的实质性不同。宋代大儒张载曾在《西铭》中提到"民吾同胞,物吾与也"的观念,将儒家的"天人合一"理想以一种极具中国特色的方式表达出来。这一"民胞物与"的社会理想,是国人基于自身的生活实践,即基于对亲密的家人亲情关系的理想化的扩大而构想出来的。这正是一种将人与人,甚至人与物之间的关系视为家族亲友共同体的意象。从"小家"到"大家",从"自身"到与"他人"之间的关系,即便是远隔千山万水的世界各国,由于全球化进程的深入发展,也被紧密地联系在一起,经济全球化、教育国际化等广泛而深刻地影响了全球人类的衣食住行,世界各国人民因而有了命运相关的

---

① 习近平新时代中国特色社会主义思想学习纲要,十七、推动构建人类命运共同体《人民日报》2019 年 08 月 14 日 06 版.

客观内涵,从而也就要求人类在行动上适应这一形势而构建现实的"命运共同体"①。

二、国际工程教育共同体的多维分析

在国际工程教育领域,基于政产学研一体化,形成了创新实践共同体;基于工科人才培养,形成了教育实践共同体;基于国内国际合作,形成了工程教育治理共同体。这些都是国际工程教育共同体在不同维度、不同层面的映射。

(一)基于"政产学研"合作的创新实践共同体

创新实践共同体有六个基本构成要素:共同目标、创新资源、参与成员、网络结构、运行机制和形成基础。

共同体最大范围吸引所有参与创新活动、支撑区域创新功能的主体,包括政府、科学共同体、企业、社会组织等各类机构以及科技中介公司、投资公司、担保公司等各类企业以及产业创新联盟、行业协会等各类创新平台与载体。成员之间关系的紧密程度往往取决于成员间互动的频率与网络结构的密度。随后,参与成员会达成共同目标,其共同目标的形成往往基于共同的价值观:对分享精神的共识、对互利合作共赢理念的追求、对区域协同发展的认同等。之后,共同体会利用一些创新资源,如人才、资金、技术、信息等,并借助网络结构推动区域内高校、研究机构、企业、政府等各主体和成员在共同体内紧密联结。各类创新资源和要素在创新共同体的网络中高效配置和流动,并通过这些主体和要素的有机结合和充分互动完成科技创新和体制机制创新。其中,创新实践共同体运行中的体制机制包括:驱动机制、运行机制和保障机制。创新的实现需要多活动、多主体、多功能和多方贡献,会涉及一系列的协调工作。创新实践共同体机制框架,如图 2-3 所示。

根据创新共同体的运营管理主体不同,创新共同体可以分为政府支持机构主导模式、大学主导模式、商业组织主导模式和非营利组织主导模式。

政府支持机构主导型是政府出资并由相关代理机构组织和管理的。这类

---

① 王南湜.“共同体”命题的哲学阐释[N].光明日报,2019-08-12. http://theory. people. com. cn/n1/2019/0812/c40531-31288449. html.

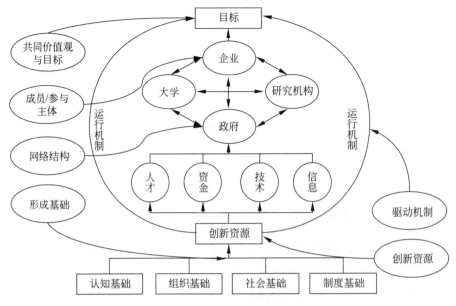

图 2-3　创新实践共同体的机制框架

共同体往往有明确的提升区域科学研究水平、促进技术转移与产学研合作等区域发展目标。典型的政府支持机构主导型创新共同体有北欧创新(NI)、科罗拉多创新网络(COIN)、英国知识转移网络(KTN)。

大学主导模式创新共同体是由大学或大学里的教授组织并管理的,一类是与政府机构合作接受政府资助、以支持区域经济发展为主要任务的创新共同体,具有典型的研究倾向性;另一类是由某位大学教授或者一群教授为了提升创新领域的研究水平而与该领域的企业、用户等各类实践者共同组成的创新共同体,商业用户导向型是其显著特点。典型的大学主导型创新共同体有卡迪夫大学创新网络(cardiff university innovation net-work)、以色列理工学院创新知识中心(KCI)、美国西北大学凯洛格创新网络(KIN)。

由商业组织出资和运营的主导模式在准入资格上对申请者的要求较高,可能会收取会费。这类共同体中成员之间合作密切,交互频繁,推动形成更紧密的共同体网络结构,例如英国创新论坛(UK innovation forum)。

非营利组织主导模式是由非营利组织、政府或者商业机构出资并由非营利组织负责运营管理的创新共同体。仅以独立的企业或者企业家为主要成员,力图为共同体提供商业指导并协助建立资金与专家网络,促进企业家之间的交流与相互支持。典型例子包括芝加哥平台（built in Chicago）、芝加哥企业中心（the Chicago and entrepreneurial center）等。

（二）基于工科人才培养的教育实践共同体

在大学机构中创建工程教育实践社区，是基于人才培养的实践共同体模式。STEM 研究生将进入竞争不断变化的劳动力队伍，其中网络和建立牢固的专业联系对于成功至关重要。STEM 研究生课程需要提供全面的职业准备，涉及范围广泛的职业类型和社交机会。通过这些社区，研究生不仅可以接触到更广泛的知识和技能体系，而且也有机会扩展专业网络职业选择。研究生将进入不断变化的劳动力市场，从而发展新技能，适应新技术及不断变化的劳动力市场。促进学生专业发展的概念必须扩大到包括可转让的技能，以及专业网络的发展，这将成为学生终身学习的重要资源。

教育共同体是"一带一路"倡议的核心内容，它以培养人才为核心任务，以满足沿线国家经济、文化和社会发展，实现共同利益为最终目的，通过教育项目、教育模式、治理机制创新，推动中国和沿线国家在教育领域的共荣共通、合作共赢①。

（三）基于国内国际合作的工程教育治理共同体

全球化时代的工程教育发展，需要各国、各方协同治理，进而全面地提升工程教育质量，促进工程师的跨国、跨区域流动。因此，治理是国际工程教育共同体构建的重要组成部分。本节内容通过梳理教育的国际治理相关研究，以期为国际工程教育治理共同体的构建提供理论支撑和经验借鉴。

1. 工程教育的国际治理

随着全球化进程的深入，适用于国际经济和政治领域的全球治理开始向教育领域渗透，以期解决全球化时代世界面临的教育困境与挑战。全球教育治理是当前国内外教育研究中的前沿课题。特别是国际组织参与全球教育治理的实践活动和影响，引起了国内外学术界的广泛关注。联合国教科文组织（UNESCO）、经济合作与发展组织（OECD）、世界银行（World Bank）、欧盟

---

① 郄海霞，刘宝存."一带一路"教育共同体构建与区域教育治理模式创新[J]．湖南师范大学教育科学学报，2018（6）：38．

(EU)、二十国集团(G20)等国际组织的全球教育治理逐渐进入教育研究者的视野。

参与全球工程教育治理的国际组织众多,有联合国教科文组织(UNESCO)、国际工程联盟(IEA)、欧洲工程师协会联盟(FEANI)、世界工程组织联合会(WFEO)、全球工程学院院长理事会(GEDC)、国际电气工程师学会(IEEE)、欧洲工程教育学会(SFEI)、世界咨询工程师联合会(FIDIC)、亚太工程组织联合会(FEIAP)等。国际组织通过标准制定、协议认证等方式在全球工程教育治理中发挥了重要作用。国际工程联盟(International Engineering Alliance,IEA)针对工程教育特别是工程师国际互认,拥有七大协议或协定:《华盛顿协议》《悉尼协议》《都柏林协议》《国际职业工程师协定》《亚太工程师协议》《国际工程技术专家协定》《国际工程技术员协定》。这些协议或协定包含了工程教育知识体系、毕业生特征标准和工程师职业能力标准[①]。我国于2016年正式加入了《华盛顿协议》,成为该协议认证的第18个会员国。这意味着我国工程科技人才培养要采用《华盛顿协议》的国际标准,从而为工科学生走向世界提供"通行证"。欧洲工程师协会联盟(FEANI)在博洛尼亚宣言国之间推行欧洲工程认证项目EUR-ACE®,提出了欧洲工程师所必须具备的12条通用能力标准。目前已有31个国家实行欧洲工程师协会联盟的认证项目。世界上许多国家,例如德国、俄罗斯、澳大利亚等国家,既加入《华盛顿协议》,又加入博洛尼亚进程,以消除学位体制障碍,构建互相兼容的质量评估与认证体系,提升工程教育国际化水平。

近年来,我国海外工程项目激增。根据商务部发布的数据,2019年,中国对外承包工程新签合同额为2602.5亿美元,其中,"一带一路"沿线国家新签对外承包工程合同额1548.9亿美元,占同期总额的59.5%。与此同时,为了保证这些工程项目的顺利开展,工程师的跨国跨区域流动日趋频繁。推进工程师资格的国际互认以及工程教育质量的国际认可正在成为工程教育全球治理的焦点。

然而,当今社会国际规则制定权之争逐渐成为各国竞争的主要形式。中国在国际教育组织中的专业人才数量不足,在国际教育组织中的职员数量也相对较少。截至2015年,我国在联合国教科文组织的国际职员配额从20世

---

① 国际工程联盟(IEA)协议[EB/OL]. https://www.ieagreements.org/.

纪 90 年代的 8 名增至 17 名或 18 名。虽然人数有增，但这个数量与我国作为经济、政治大国的国际地位不匹配，与西方发达国家的国际职员人数存在较大差距。特别是，在国际教育组织中就职的高级管理人员数量更少。积极参与国际工程教育治理，是我国全面提升工程教育质量，从工程教育大国迈向工程教育强国的客观需要。

2. 国际组织参与全球工程教育治理的角色与机制

国内针对联合国教科文组织、OECD 的全球教育治理研究逐渐增多，还有少量研究关注世界银行、欧盟、二十国集团等其他国际组织。国内已有研究侧重描述国际组织的全球教育治理活动，分析国际组织在全球教育治理中的角色、价值取向、治理机制以及面临的问题和挑战。

研究者梳理了联合国教科文组织的全球教育治理框架、治理政策、治理工具，以可持续发展教育、公民教育、全球学术流动公约等为具体案例进行分析，认为联合国教科文组织在全球高等教育治理中扮演着协商者、倡议者、构建者以及促进者的角色，其价值取向是人文主义、实用主义和多元主义，肯定了联合国教科文组织在全球教育治理中所发挥的积极作用。比如，促进高等教育跨境知识流动、消除高等教育人才流动中的人才流失、提高教师地位、强化高等教育质量保障与推动学历文凭互认等。但同时，联合国教科文组织也面临着自身能力有限、多方利益协调以及经费预算有限等问题和挑战。

OECD 的全球教育治理机制有三种，即基于教育观念建构的认知式治理、基于教育指标研发的数字式治理和基于教育政策评议的规范式治理，特别是国际学生评估项目（PISA），对全球教育发展产生了深远的影响，但经合组织的全球教育治理存在着明显的经济主义倾向，强调教育的工具性，使各国更加注重绩效目标。教育研究者和决策者看待经合组织的全球教育治理应当保持批判性的立场。

世界银行日益关注教育质量及学习成果，因其金融能力、知识能力及国际政治影响力，完成了从"金融银行"到"知识银行"的转型。但世界银行在制定国际政策时的核心特点就是权力分布不对称，政策过程不透明，其话语权更多地掌握在发达国家手中，进而发达国家拥有更大的政策空间。

与传统的国际组织如联合国教科文组织、世界银行相比，作为新兴的国际教育援助组织，全球教育合作伙伴关系组织（GPE）是唯一仅致力于推动发展中国家教育发展的全球性基金组织。GPE 开发了新型高效的融资和基金利用模式,提供了平等高效的合作对话平台。

G20 作为与正式国际组织相区别的一种组织形式,其全球非正式教育治理议题主要集中于通过金融教育与反腐败教育提升现代公民素养、教育与技能培训、改善人力资本以及妇女与女童教育保障性别平等方面,通过发布公报和教育声明、召开部长会议、外围会议,对各国教育政策制定产生重要影响。但由于 G20 缺乏长效监督评价机制,其全球非正式教育治理成效仍具有不确定性。

国外研究围绕着国际组织在全球教育治理中的角色、治理机制、成效及其影响而展开,肯定国际组织在全球教育治理中的巨大作用,同时侧重对国际组织全球教育治理的反思和批判。作为全球沟通者、政策协调者的国际组织,对国家政策的影响力在显著增强。国际组织是世界意识形态的"传送带",有可能对国家教育体系和国际政府组织的教育政策构成挑战。

研究者以世界银行《高等教育:经验和教训》和联合国教科文组织的《高等教育变化与发展的政策报告》为案例,对比分析了联合国教科文组织和世界银行的高等教育政策倾向,以及这两个国际组织对全球高等教育走向的影响。发现两个国际组织都强调发展高等教育对经济发展的重要作用和政府在高等教育各利益相关者之间建立政策共识的重要性。研究者梳理了全球治理的概念和模式,指出新自由主义的全球化将民族国家变成极简国家,国家的作用正在逐渐减弱,全球化背景下的高等教育治理正在由政府驱动向市场驱动转变。国外针对 OECD 的全球教育治理,特别是 PISA 测试所产生的影响的研究较多。随着国际组织全球教育治理活动的深入,部分学者开始反思国际组织全球教育治理对民族国家乃至全球教育发展所产生的影响。海因兹、艾伦等学者认为,经合组织的教育指标正在左右世界上多数国家的教育政策走向,该组织应成为全世界教育系统的诊断专家、裁判员和政策顾问。大家应审慎地对待 PISA 测试结果,而不能将提高本国在某些教育指标中的相对排名作为教育政策制定的指挥棒。多数研究者认为 OECD 在行塑全球教育发展中影响深远且十分广泛,但对 PISA 测试结果,特别是各项指标的排名,应当谨慎对待,保持批判性立场。如若 PISA 测试左右国家教育政策走向,会将教育引向歧途。

综上所述,国际组织参与全球教育治理的机制有以下几类:(1)基于国际法和国际公约的治理。例如《联合国教科文组织宪章》(1945)、《全球高等教育资历认可公约》(2019)。(2)通过倡导教育新理念的治理。例如联合国教科文组织的"全民教育"理念、终身教育理念等等。(3)基于教育指标监测的数字治理。例如 OECD 的 PISA 测试、欧盟的核心素养框架等。(4)基于教育援助的治理。最典型的便是世界银行的教育贷款项目。(5)基于国际会议的研讨治理。例如世界高等教育大会、G20 峰会等。

参与国际工程教育治理的国际组织分类,按成员身份分为:政府间国际组织、非政府国际组织;按地域分为:全球性组织、区域性组织;按性质分为政治性组织、经济组织、工程类组织、工程教育组织等。

国际组织参与全球工程教育治理机制可分为正式机制和非正式机制。正式机制包括法律、规章、标准、协议、协定、条约、目标约定、宣言、伙伴关系等。国际工程联盟(IEA)和欧洲工程师协会联盟(FEANI)的国际标准与协议就是典型的正式治理机制。非正式机制也被称为"软治理",一般通过理念倡导、树立全球典范、资金刺激、指标和数据、排名等方式实现。联合国教科文组织的可持续发展教育理念、CDIO 国际合作组织的 CDIO 工程教育模式就是典型的非正式治理机制。

3. 典型国际组织的全球工程教育治理

(1)合作伙伴关系

合作伙伴关系是指各个组织之间通过互动与交流,实现共同的目标和愿景。当前的国际工程教育组织的互动与合作呈现了一些共同特征:各个国际工程教育组织对国际合作的积极投入与高度卷入、彼此间有密切的往来与合作;全球性国际工程教育组织利用信息新科技,积极推动区域性工程教育合作的发展走向深入,并创造性地开展专题性工程教育国际活动。这些特征表明,国际工程教育组织对全球工程问题和工程教育问题的积极应对,不但有助于在工程教育共同体内凝聚共识,也有助于更加有效地推动全球问题和挑战的解决。值得指出的是,对联合国 2030 可持续发展目标的认同,是各个国际工程组织进行广泛合作和深入交流的重要基础。

世界工程组织联合会由联合国教科文组织支持成立,自成立以来一直与教科文组织密切和持续合作,并参与制订、实施本联合会相关计划,同时扩大教科文组织主管领域的联合活动。世界工程组织联合会与联合国气候变化框架公约(United Nations Framework Convention on Climate Change, UNFCCC)建立合作伙伴关系,通过知识、经验和技术的交流合作,开发和实施风险评估体系、提出基础设施工程漏洞评估的指导文件、制定国际现行通用最佳方案。就经济发展、社会安全、工业发展、能源开发利用、气象监测等多个领域的发展,与联合国经济及社会理事会、国际原子能机构、联合国工业发展组织、世界能源理事会、世界气象组织等联合国组织开展交流合作。2015 年 12 月,国际工程联盟和世界工程组织联合会签署了一份谅解备忘录,其重要内容是:提高认识、认证的重要性;承诺促进国家机构的发展;建设国家机构的能力,为 IEA 指导做准备;支持国家机构加入 IEA 协议和协定。世界工程组织联合会还是国际标准化组织(ISO)反贿赂管理系统标准项目的合作伙伴,通过成为 ISO 项目委员会的联络组织为起草委员会发挥特殊作用。

2018 年 3 月,世界工程组织联合会在 50 周年庆典期间,与多个教育类机构签署合作协议,例如,国际工程教育中心,旨在提高工程教育的标准和能力建设,是联合国教科文组织第二类中心;国际科技创新中心,促进南南在工程教育方面的合作;国际工程教育学会联盟,提高全球工程教育和能力建设的标准,并利用成员的集体优势,以改善全球的工程教育;国际咨询工程师联合会,推广和实施咨询工程行业的战略目标,并向其成员传播信息和资源;国际女工程师和科学家网络,共同为科学和工程领域的女性提供独立和国际公认的合作活动,协作推动商定的政策和计划。

欧洲工程教育学会与工程领域相关国际组织保持稳定关系,其中包括合作关系、成员关系、合作伙伴关系。如在工程教育领域合作的联合国教科文组织、欧盟委员会、欧洲理事会。同时,欧洲工程教育学会也是多个工程组织的创始成员,如:国际工程继续教育协会、东非一体化与发展的孵化器、国际工程教育学会联盟、欧洲工程教育认证网络。欧洲工程教育学会还与国际工程教育学会、美国工程教育协会、中国高等教育学会工程教育专业委员会签署了谅解备忘录。

(2)工程教育理念与信息分享

① 利用出版物交流工程教育信息

国际工程教育学会联盟成员参与出版物的编撰和制作,为经验交流、学术合作提供良好的媒介。例如,Global Engineer 是由 IFEES 和 GEDC 全球成员的合作出版物等。利用现代信息传媒技术,工程教育工作者发布工程领域 MOOC、前沿政策讯息、知识科普等视频影音资料。

全球工学院院长理事会刊登会员或其他组织成员发表的工程教育领域重要文件或论文，包括：涉及重要决策，如《全球工学院院长理事会巴黎宣言》《全球工学院院长理事会战略文件》；工程教育领域问题探讨，如《公立大学面临的战略问题》《在变革时代转变工程教育》；以及多语种文章《传播报告：拉丁美洲工程学院院长会议》《拉丁美洲工程学院理事会章程》等。

GEDC Exchange 是由 Quanser Consulting 和其同事建立的数字平台，为世界各地的会员信息交流、经验探讨提供支持。全球工学院院长理事会成员可以发布其机构和地区的信息。GEDC Exchange 也是发布全球工学院院长理事会重要活动、会议、新闻的重要媒介，其强大的网络平台，增进了工程前沿问题交流的及时性和流通性。

② 通过国际会议或者论坛实现工程教育信息的流动

欧洲工程教育学会（SEFI）举行多种会议形式开展国际学术交流，其中SEFI 年会是以工程教育为重点的科学会议，对于教授、学生、行业和专业组织来说，这是一个独特的机会，可以交换意见，建立欧洲联系网络，将会议上提交的论文发表于 SCOPUS。欧洲工程学院院长会议的目标是汇集来自欧洲各地的院长会面，并深入讨论共同话题，分享经验，找出问题的解决方案，并与不同欧洲国家的同行建立网络。另外还举办具有 SEFI 特色、限于成员组织之间的专题辩论会、研讨会。多种会议交流涉及不同国家、地区，就不同重点内容深入探讨、多重构建专业交流合作。

全球工学院院长理事会的全球论坛和行业论坛。2019 年 10 月 20—23日，智利天主教大学工程学院是全球工学院院长理事会年会的东道主，举办全球性的工程院长和校长全球论坛。会议的主题是"用工程的思维、心灵和双手；实现目标"。本次全球工学院院长理事会会议将重点放在工程学的角度，应对拉丁美洲和其他地方的可持续发展的跨学科挑战，如对自然灾害、健康、能源、水和食物的抵御能力。通过推进相关领域的研究和创新来解决当地、区域和全球问题，工程部门在这个著名的创造性销毁过程中负有重大责任。性别问题是世界上大多数工程、数学和自然科学学院入学的一个地方性问题，最终导致大多数 STEM 学科的致命劣势。工程学校人才多样性，迫切需要一门吸引最优秀人才的学科。该组织希望看到全球工学院院长理事会讨论的焦点，包括女性进入 STEM 职业的动机和障碍，也涉及如今在工程学院寻找的人才的更精确的定义。首先是改善包容机制，以吸引来自不同文化、地区、社会经济背景的学生,并帮助他们取得成功。另一个相关的问题是,确定工程中未来需要什么类型的人才,以应对各种人类利益和关注的新工程学科要求。工程学院如何准备培养新型工程师,他们是否能够以不同的方式思考,敢于挑战知识、技术和整个社会的极限?课程和激励结构是否有利于这种思维、态度和技能?学术严谨性是否影响培养学生的创业技能?上述诸多问题待探讨。因此,在高等教育过程中,社会和大学在工程学生教育过程中培养学生创造力及工程实践能力等在 GEDC 2019 论坛主题讨论中都被涉及。

第一届全球工学院院长理事会行业论坛于 2017 年 6 月在法国枫丹白露举行。行业论坛的目的是为工程教育和行业领导者提供一个平台,共同讨论和建立可行的解决方案,以培养工程专家和领导者。例如工程和信息技术领域的技能差距,这些差距可归因于诸如全球化加剧等大趋势的汇合;数字化、技术、经济和社会结构的融合,这些融合成为世界进入第四次工业革命的开端。2019 年 3 月,全球工学院院长理事会在罗马尼亚布加勒斯特举办了第一届区域产业论坛。全球工学院院长理事会行业论坛的第二届于 2019 年 7 月 3—5 日在法国枫丹白露举行。

4. 国际工程教育治理共同体构建的维度与途径

（1）国际工程教育治理观

共商工程教育标准制定和协议互认机制,共建国际工程教育质量保障体系,通过合作交流、互派互访,促进工程教育质量提升是国际工程教育治理的重要内容。通过共享工程教育改革发展成果,促进工程师的国际流动,造福世界各国人民,进而增强我国工程教育的国际影响力。

（2）人员参与机制

在全球工程教育治理中,人的交流和接触是最重要的,要扩大我国在国际组织中任职的专业人才。长期以来,一些重要的国际组织职位多把持在西方发达国家手中,例如联合国教科文组织、国际工程联盟等。这使我国在国际战略合作与利益博弈中处于比较被动的地位。因此,首先要大力推荐中国人才到国际组织任职。建议中国科协、中国工程院等部门,在国际交流与合作过程中为我国争取更多的国际组织任职席位,并牵头组织一批研究者针对国际组织任职要求与需求特点进行研究,搭建一个网络指导平台,定期发布国际组织人才需求信息,引导我国人才向国际组织流动。

其次,短期培训与长期学位项目相结合,培养一大批熟悉党和国家方针政策、了解我国国情、具备全球视野的工程和教育背景、熟练运用外语、通晓国际规则、精通国际谈判的工程教育专业人才。通过短期培训的方式,遴选一批能够胜任全球治理的人才,可暂时缓解我国全球治理人才紧缺的现状。但要确保长期的人才供应,还应从学位项目入手,考虑设立并扩大工程教育专业研究生学位项目。

(3) 标准制定机制

标准与协议互认是当前最重要的全球工程教育治理机制,为工程科技人才的全球流动提供了重要保障。但长期以来,全球工程教育标准与协议互认的主导权掌握在西方发达国家手中。我国在这些已有的全球工程教育标准制定和协议互认中缺乏话语权和领导力。国际上知名的工程教育认证机构主要有美国工程与技术认证委员会(ABET)、欧洲国际工程协会联盟(FEANI)等,主要的公约、制度有华盛顿协议、欧洲工程教育认证体系(EUR-ACE)等。

为推动我国工程师的国际流动,增强工程教育的国际影响力,一方面要注重加入当前已有的各大工程教育标准与协议互认体系。因此,建议中国科协代表我国积极申请加入《都柏林协议》《悉尼协议》以及《欧洲工程教育认证协议》等其他影响力较大的协议,进而扩大我国的国际影响力。另一方面,由于当前的主流标准与协议并未全部将"一带一路"沿线国家纳入进来,我国应推进"一带一路"沿线工程教育标准制定。重点推出中国主导的实质等效的全球工程教育标准与协议。

(4) 信息机制

任何时候,数据信息都是非常重要的战略资源。当今时代,数据已上升为关键的生产要素,同时,也是全球治理的一种重要手段。但目前,数据治理面临着三大问题:一是数据垄断的现象,多数国家不愿意公开涉及工程科技领域的信息;二是数据伦理的挑战,即如何保证数据安全和隐私不被泄露,特别是可能涉及国家安全和商业秘密的工程科技和工程教育方面的数据;三是如何进行大数据挖掘,将数据转化为促进我国工程教育发展的力量。

因此,首先,要与各国及国际组织合作,就数据治理问题形成公约。建议可由中国科协代表我国起草全球工程教育数据采集与使用公约,推动全球工程教育改革与发展信息机制的规范化。其次,我国要主导开发全球工程教育发展动态数据库。可考虑与联合国教科文组织、国际工程联盟、世界工程联合会等国际组织合作,搭建工程教育数据收集、处理、使用、共享平台。建议以智库为依托,成立国际工程教育发展国别、区域比较研究组、国际工程教育标准研究组、国际工程教育协议互认谈判与研究组、国际工程教育发展动态指标体系与监测研究组,进而为我国深度参与全球工程教育治理提供形势研判、教育教学改革以及相关政策出台的重要依据。

三、国际工程教育共同体的个案分析

美国工程教育协会(American Society For Engineering Education, ASEE)是一个典型的工程教育信息资源的枢纽和集散地。英国的知识转移创新网络(Knowledge Transfer Networks, KTN)将政府、产业、高校、学术界连接起来,积极地促进知识生产、技术转化。这两个个案在工程教育领域内具有一定的示范性意义。

(一) 作为信息枢纽的 ASEE 工程教育共同体

1893 年,美国工程教育促进会成立,时值美国高等教育的高速发展时期。随着第二次世界大战的爆发,美国联邦政府开始更加重视研究,于 1946 年将美国工程教育促进会改组为美国工程教育协会,根据工程需要成立各个分会,负责工程教育的各个领域,逐渐完善 ASEE 的组织结构与功能。ASEE 的使命旨在促进创新、卓越和工程专业教育各个方面的获取。ASEE 作为工程教育信息的交流中心和塑造该领域未来的重要工具,其成员数量和知名度都有所上升。随着高等工程教育体系的成熟和发展,ASEE 的影响力也不断扩大,已成为该领域的权威机构。

美国工程教育协会(ASEE)学生部与工程学与教中心(CELT)于 2011 年共同创建了工程教育信息资源库。该资源主要包括与计划、中心、研究人员、学会、出版场所等的链接,旨在帮助探索工程学,以及更广泛地开展 STEM 教育。这将鼓励团体成员扩展此资源,并向世界各地的机构和中心的工程教育领域的学生和其他感兴趣的个人提供有关该领域正在进行的研究信息。

这些信息类别包括:大学工程/STEM 教育的研究生或本科项目信息;工程/STEM 教育中心、研究所和研究小组;工程教育社区与社团;工程教育研究出版(包括特刊);工程教育会议;工程教育活动(包括博士学位课程的开放日和研讨会);工程教育认证组织;面向工程教育者的资源;工程教育资金来源;

工程/STEM 教育领域内的职位发布信息;加速器-ASEE 的学生新闻和机会;研究摘要——工程教育博客。

美国工程教育协会多种类型出版物涉及前沿工程研究、工程教育探索、政策现象分析等,丰富了工程教育素材。如《企业家心态:使用什么,为什么以及如何作为组织框架的问题》提供了一个由两部分组成的企业家心态研讨会的框架和细节,其中包括以下内容:建立一个由企业家心态研究人员和从业者组成的组织;定义一个企业家心态框架;确定识别工作的努力并衡量该框架内企业家思维的维度。作为研讨活动的一部分,参与者创建了作者团队,起草了概念文件,并修改论文,以回应作为典型审查过程的一部分审稿人,随后是出版"工程教育进展"期刊。该期刊包含 10 个 2500 字的概念文件,涉及与创业思维方式相关的主题,创业思维为何如此重要,以及如何促进、灌输或评估创业思维方式[①]。

(二)"政产学研"创新实践共同体案例

英国的知识转移创新网络[②]旨在刺激创新并改善通过点对点的协作和知识获得英国的创新绩效传递。

知识转移网络致力于:通过鼓励创新来提高工业绩效企业之间的协作以及知识和经验的流动跨部门;通过高质量、易于使用的服务,促进技术支持的市场的供需双方之间的知识转移;为企业和国际组织提供与个人见面和交流的机会;向政府通报技术需求和相关问题,例如法规增强或抑制英国的创新。

目前,主要由技术战略委员会(TSB)赞助 KTN。TSB 是由政府成立的一个以商界为主导的非部门公共行政机构,使命是促进和支持对技术和创新的研究、开发、利用,造福英国企业并促进经济增长和提高生活质量。TSB 按行业或业务分为 15 个 KTN 投资组合,包括:航空航天与国防,生物科学,化学创新,创意产业,电子、传感器、光子学,能源生产与供应,环境的可持续性,金融服务,卫生科技和医药,信息通信技术,工业数学,材料,现代建筑环境,纳米技术,交通运输。

KTN 支持点对点的学习,并由此获得资金和机会,通过多种方式制定政策策略,详见下述四种。网络:由 KTN 组织学者,与其他企业,开展有针对性的

---

① https://www.asee.org/papers-and-publications/publications.

② http://www.oecd.org/env/indicators-modelling-outlooks/Black.pdf.

活动、会议和特殊兴趣小组。信息服务：免费访问在线服务，例如报告、新闻通信、网络研讨会及电子培训、事件日记、电子会议和协作工具以及具体的一般部门和应用信息。资金机会：知识转移合作伙伴关系和其他创新资金来源，比如风险投资。政策与法规：社区与社区之间的沟通途径；政府和欧盟使成员国有机会影响政策和英国及国外的法规。

四、中国推进工程教育共同体建设的基本理念

（一）人类命运共同体理念

2017 年，习近平总书记在党的十九大报告中提出，坚持和平发展道路，推动构建人类命运共同体。人类命运共同体理念超越了种族、文化、国家与意识形态的界限，为解决全球性的发展问题提供了思路与方案路线。工程师的国际流动致力于建设人类共同的美好未来，特别是为实现全球可持续发展提供保障。这是践行人类命运共同体的生动实践。当前，人类面临着气候变化、公共卫生、经济发展、扶贫减贫的共同挑战，但各国各区域内的工程科技人才资源分布十分不均衡。发展中国家特别是"一带一路"沿线国家，基础设施建设需求较大，但缺少工程科技人才。英美等发达国家虽然高端工程科技人才资源丰富，但工程教育规模优势递减，人力成本往往较高。各国各区域间工程能力水平差异较大，要实现可持续发展，建设人类美好未来，就要促进工程科技人才这一生产要素在全球范围内的有序规范流动。工程师们应接纳全球、本地的价值观，这些价值观对工作是非常重要的，包括理解当地人们关切的相关问题。要理解当地人民对环境影响相关的考虑，善于学习和运用当地在历史上形成的特殊而有效的知识和做法，尊重和保护当地的文化等。

（二）平等、包容、发展、共赢[①]

推动构建以平等、包容、发展、共赢为基础的全球工程教育共同体。以创新驱动、产学合作为主线，推动各国特别是发展中国家的工程教育质量与公平，支撑各国经济社会的可持续发展，推动人类的共同文明和进步。平等意味着工程师的国际流动受到广泛认可和公正的对待，工程师在任何一个国家或

---

① 引自联合国教科文组织国际工程教育中心《国际工程教育合作战略》报告。2020 年 10 月

区域的工程建设贡献得到相应的肯定和对等的报酬,国际工程教育标准能够实质等效。包容意味着无论是发展中国家还是发达国家,都能够以开放的心态看待国际工程师的流动,通过工程科技人才的国际流动,提升全球工程教育质量。要破除工程科技人才流动的政治壁垒或者意识形态障碍,促进工程科技人才的流动。包容性发展更多强调在一个国家内部不同的地区、不同的人群、不同的阶层之间的共赢。不仅要在国与国之间实现共赢,而且要在每个国家不同群体、不同利益之间实现共赢,这样不仅能够推动国际之间的合作,而且有利于在各国国内实现平等、均衡、协调和持续的发展,这是一种立体式的共赢,是对人类命运共同体理念更深层次的诠释。

第三章　全球工程教育国际合作的挑战与机遇

一、全球工程教育发展现状

了解全球工程教育发展现状,是开展国际合作、构建国际工程教育共同体的前提。本节内容从工程教育规模、结构与经费投入、工程教育与产业结构、主要国家工程教育发展战略等方面入手,试图勾勒出当前全球工程教育发展的图景。

(一) 工科学生规模

工科在校生是工程科技人才的最主要储备,可以在一定程度上反映工程教育的规模。据联合国教科文组织统计研究所(UNESCO Institute for Statistics, UIS)数据统计,2015 年工科在校生人数是 2000 年的 6 倍左右,2000年后,工科在校生基数有较大的增长,其中 2012 年工科在校生数增长最为明显,但 2013 年在校生人数则下降到与 2011 年相差不大水平(见图 3-1)。

2010—2015 年,工程领域毕业生数增长较快,2015 年工程领域毕业生数是 2010 年的 3.5 倍左右,6 年间工程领域毕业生人数爆炸式增长。这两阶段工程领域毕业生人数的变化,反映出社会对工程人才的需求变化。2009 年以前,金融、服务行业炙手可热。2009 年以后,美国金融危机波及世界其他各国,世界经济发展态势疲软。国家开始重视实体经济发展,纷纷开展再工业化,以制造业为突破口,寻找新的经济增长点。新一轮的信息科技革命催生了对工程人才的大量需求,国际工程教育改革也迈入一个新的历史发展时期。

工科在校生数量的变化也与各种因素相关。其中适龄人口与专业选择意愿是最主要的因素。当前主要发达国家出生率下降甚至负增长。对新兴国家而言,对工程人才的需求更加迫切,由于更容易找到工作,一些学生更愿意选择学习工科。2000—2015 年工程领域在校生规模如图 3-1 所示。

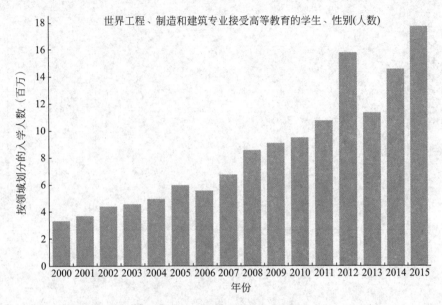

图 3-1　工程领域的在校生规模

注:缺失数据未呈现在图中,图仅基于可用数据。

数据来源:UIS. Stat,ICEE

统计日期:2018 年 4 月 9 日

从图 3-2 中工科在校生与总人口的比较来看,中国与印度作为世界人口大国,总人口遥遥领先于其他国家。在中印两国总人口相差不大的情况下,中国工科在校生规模远高于印度。与其他国家相比,工科在校生规模优势明显。美国总人口数在 10 个国家中排名第三,但工科在校生数却低于俄罗斯。美国高校学习商业、法律、金融等专业的学生比例较高,这也符合近几年美国"逃离工科"的现象。巴西与美国工科在校生数接近,但总人口巴西远低于美国,这反映出巴西高等教育中,有更多的人选择进入工程领域。

虽然工科在校生规模整体呈增长趋势,但若从整个高等教育的结构来看,毕业生集中分布在商业、管理、法律与社会科学等学科,工科毕业生规模,以及支持工科的一些数理基础学科领域内的毕业生规模仍然较小(见图 3-3)。

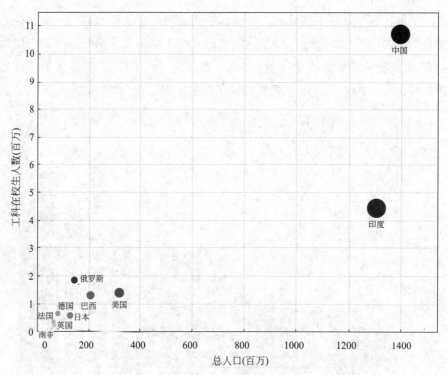

图 3-2　2015 年主要国家工科在校生与总人口的比较

数据来源：UIS. Stat，ICEE

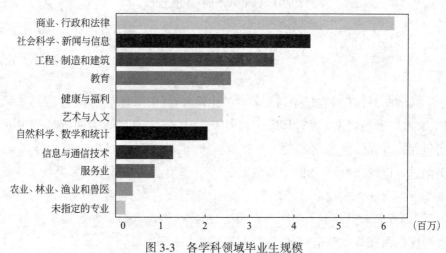

图 3-3　各学科领域毕业生规模

注：缺失数据未呈现在图中，图中仅基于可用数据。

数据来源：UIS. Stat，ICEE

统计时间：2018 年 4 月 9 日

（二）工程教育经费投入

本研究采用全国教育经费和研发经费投入，来反映工程教育经费投入水平。

经济合作与发展组织关于各国教育经费统计数据显示：不同经济发展水平的国家在公共财政教育支出比例上有着较大差异，各国公共财政教育支出占公共财政支出比例总体分布在 6.8%～18.4%（见图 3-4）。其中经合组织国家平均水平为 11.3%，欧盟 22 国平均值为 9.9%。以各国比值大小进行排序，比值在 13%以上的国家既有新西兰(18.4%)、瑞士(14.9%)、冰岛(13.5%)、爱尔兰(13.2%)等发达国家，也有墨西哥(17.3%)、巴西(16.1%)、智利(15.4%)、中国(15.3%)等发展中国家。

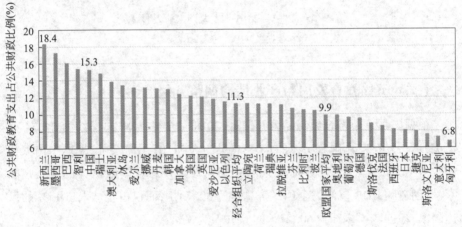

图 3-4　公共财政教育支出比例①

数据来源：OECD

2007—2016 年，绝大多数国家的研发投入都呈上升的趋势，尤以中国最为突出，由最原先不到 1.5 亿美元跃升到 4.5 亿美元，这与中国国力的提升相关联。从整个发展趋势来看，中国的研发投入越来越高，发展也越来越快，与美国的研发投入总量差距越来越小。2007 年日本研发投入总量高于中国，2008 年后，中国研发投入总量超越日本。10 年间，日本研发投入总量稳定，变化幅度不大。德国研发投入总量居第四位，10 年间缓慢上升。法国、英国、印度、巴

---

① OECD. Data2016[EB/OL]. https://data.oecd.org/.

西、俄罗斯等国研发投入总量相差不大,变化趋势趋于一致。南非是 10 个国家中研发投入总量最低的国家,几乎未有明显的变化趋势(见图 3-5)。

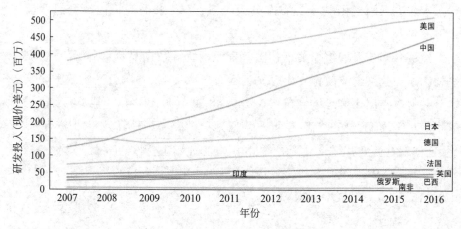

图 3-5　2007—2016 年主要国家研发投入

数据来源:UIS. Stat,ICEE

(三) 工程教育发展与产业结构调整升级

根据国际货币基金组织的公开信息,2018 年全球 GDP 总量约为 84.74 万亿美元。其中,发达国家整体的 GDP 总量约为 51.07 万亿美元,发展中国家整体的 GDP 为 33.67 万亿美元。换言之,占全球人口总量接近 86% 的发展中国家,所创造的 GDP 仅约为全球经济总量的 39.73%;而仅占全球人口 14% 的发达国家,却创造了全球约 60.27% 的 GDP[①]。

发达国家如此高的 GDP,与其较高的产业附加值关系密切,而合理的优化升级产业结构,离不开工程教育的支撑。其中,发展的数量维度由经济总量表示,产业结构则代表发展的质量维度。

发达国家在第三产业中虽占比近 80%,但已经不是传统概念中的服务行业,其中具有高附加值的制造业对 GDP 的贡献巨大。通用电气非常典型,这家全球 500 强企业中的佼佼者,本是单纯的制造业企业,但现在却升级成了一个多元化的科技、媒体和金融服务公司,其绝大部分营收来自于服务。发达国家正是依靠在研发设计、商务服务、市场营销等领域的优势,主导着全球

---

① 数据来源:https://www.imf.org/.

生产网络和产品价值链,显著提高了资源配置效率,获取了巨大的超额经济利益。

(四)主要国家的工程教育发展战略

1. 美国的 21 世纪工程大挑战计划

21 世纪初,美国工程院(NAE)与美国自然科学基金会(NSF)共同发起"2020 工程师"计划,先后发布了《2020 的工程师:新世纪工程的愿景》《培养 2020 的工程师:适应新世纪的工程教育》两份报告,从课程、专业、学科、国家、社会、国际等多个维度勾勒出 2020 年工程教育所处的环境和工程人才的培养标准,强调工程教育必须突出学生工程能力的培养、突出实践教学环节,按照一线工程师的要求培养学生,加强产学合作[①]。2008 年,美国工程院提出了 21 世纪工程领域面临的 14 项大挑战(14 Grand Challenges for Engineering)[②],涉及可持续发展、健康、灾难面前人类的脆弱性和生活质量的提高四个方面,号召全球各国共同应对,攻克这些挑战以提升未来人类的生活质量。

(1)更经济地获取太阳能(Make solar energy economical)

(2)提供聚变能源(Provide energy from fusion)

(3)发展碳冻结工艺(Develop carbon sequestration methods)

(4)利用氮循环(Manage the nitrogen cycle)

(5)提供清洁水(Provide access to clean water)

(6)修复和改善城市基础设施(Restore and improve urban infrastructure)

(7)在健康信息学方面取得成就(Advance health informatics)

(8)开发更有效的药品(Engineer better medicines)

(9)发展大脑逆向工程学(Reverse-engineer the brain)

(10)预防核恐怖(Prevent nuclear terror)

(11)保护网络空间(Secure cyberspace)

(12)加强虚拟现实技术(Enhance virtual reality)

---

① National Academy of Engineering, "The Engineer of 2020: Visions of Engineering in the New Century," National Academies Press, 2004. https://www.nae.edu/25876/The-Engineer-of-2020-Visions-of-Engineering-in-the-New-Century.

② National Academy of Engineering, "Grand Challenges for Earth Resources Engineering," National Academies Press, 2004. https://www.nae.edu/106328.aspx.

（13）发展个性化学习（Advance personalized learning）

（14）发明科学探索新工具（Engineer the tools of scientific discovery）

在此背景下,2009 年,美国"大挑战学者项目"（Grand challenges Scholars Program）启动,如今已经在全世界范围内的多个工程学院开展培训,该项目旨在培养新一代的工程师,以解决 21 世纪社会面临的棘手问题。这个项目在不同国家高校的工程学院开展,鼓励高校为学生量身定做工程胜任力的培训项目。该项目提出了五类新时代工程师的胜任力①:第一,研究与创造,要能独立承担与大挑战相关的研究任务并有所创新;第二,学科交叉能力,要有能够应对大挑战的学科适应能力;第三,商业与企业家精神,要能理解大挑战所需的商业模型并能成功实施;第四,跨文化能力,要能理解不同文化背景下的社会议题与经验;第五,社会意识,要有深刻的社会意识和动机去解决社会问题,因为服务人类是大挑战项目最重要的愿景。2015 年美国明确提出,未来 10 年在 122 所工科学校中培养至少 2 万名"大挑战工程师",以解决未来的重大工程问题。截至 2017 年,美国有 40 多所大学开展了工程卓越人才培养新战略——大挑战学者计划。

2. 德国"工业 4.0"背景下的工程教育

目前,工程教育范式至少已经经历了两次转型:第一次由注重技术应用的"技术范式"转向强调科学研究的"研究范式",第二次由"研究范式"转向注重实践的"工程范式"。但是随着新技术的发展,工业 4.0 对于拥有较强综合素质的复合型人才的需求激增,这也必然导致"工程范式"的革新。

德国工业 4.0 旨在从生产流程管理、企业业务管理到研究开发产品生命周期的管理形成一种"协同制造模式",形成集工程、生产制造、供应链和企业管理为一体的网络协同制造系统。其核心是构建"信息物理系统"（CPS: Cyber-Physical System）,旨在通过智能工厂、智能生产和智能物流,打造智能制造新标准。

智能化可以把工人从单调、程序化的工作中解放出来,从而使人们能够将精力集中在创新和增值业务上。机器和人之间形成新的分工,人们行使创新

---

① National Academy of Engineering. Workshop on developing a national network of grand challenges [EB/OL]. (2010). Retrieved from: http://www. engineeringchallenges. org/File. aspx? id = 14440&v = 4640a0fb.

与决策的权力,牢牢把握对机器的指挥权,而机器则主要负责调节与完善,员工的职责将从简单执行操作转化为更为复杂控制、操作和规划等。因此工业4.0的演进,对人的能力尤其组织能力、沟通能力、综合能力、创新精神、社会责任感与运用新技术的能力提出更高的要求。这就要求打破既有的高度专业化的人才培养模式。

在此背景下,德国提出了"学习工厂"这种全新的工程教育培养模式,它强调课堂教学和动手实践的平衡和大学与工业企业之间平等伙伴关系的建立。"学习工厂"将真实世界的设计、制造和业务整合到工程课程之中,以行动为导向,在生产技术学习环境中通过结构化的自我学习过程,极大地促进了学习者的职业能力发展。[①] "学习工厂"是一种多学科跨领域的产物,不但涉及工程领域,还涉及经济学、管理学、社会学等学科领域,其项目主题将工程专业、商业领域、信息技术科学领域的学生跨学科地组织在一起。

二、当前工程教育国际合作面临的挑战:复杂性与不确定性

(一) 全球工程教育发展不平衡

2015 年,联合国 193 个成员国在可持续发展峰会上正式通过 17 个可持续发展目标,用以指导 2015—2030 年的全球人类社会发展。17 个可持续发展目标涵盖了减贫、消除饥饿、健康福祉、清洁水资源、教育公平、性别平等、清洁能源等问题[②]。虽然一些最宝贵的自然资源分布在发展中国家和地区,但是支持应对自然资源全球挑战的工程技术、经济资源、人力资源和信息资源主要分布在发达国家,特别是在工程科技人力资源方面,发展中国家严重匮乏。

从 2019 年 QS 世界大学工程与技术学科排名 TOP20 榜单[③](表 3-1)中可以看到,工程技术专业实力较强的大学多分布在发达国家。发展中国家优质工程教育资源匮乏,特别是一些非洲国家,工科院校数量相对很少,工程教育的基本投入严重不足,在师资、课程、实验设施等方面极度匮乏,难以培养出高质量的工程科技人员。工程教育资源分布越不均衡,越是难以培养出充足、合

---

① 赵文平. 德国工程教育"学习工厂"模式评介[J]. 比较教育研究, 2017, 39(6), 28-34.

② United Nations. Sustainable development goals. [EB/OL]. https://www.un.org/sustainabledevelopment/zh/.

③ QS 世界大学工程与技术学科排名 TOP20[EB/OL]. (2019). https://www.topuniversities.com/.

格的工程师为当地发展服务;而越缺少合格的工程师,通过工程科技来推动发展中国家特别是非洲国家可持续发展的目标就愈加困难。

表 3-1　2019 年 QS 世界大学工程与技术学科排名 TOP20

排名	大学中文名称	国家/地区
1	麻省理工学院	美国
2	斯坦福大学	美国
3	苏黎世联邦理工学院	瑞士
4	剑桥大学	英国
5	加州大学伯克利分校	美国
并列 6	新加坡南洋理工学院	新加坡
并列 6	牛津大学	英国
并列 8	英国伦敦帝国学院	英国
并列 8	新加坡国立大学	新加坡
10	清华大学	中国
11	洛桑联邦理工学院	瑞士
12	哈佛大学	美国
13	东京大学	日本
14	佐治亚理工学院	美国
15	加州理工学院	美国
16	米兰理工学院	意大利
17	代尔夫特理工大学	荷兰
18	香港科技大学	中国香港
19	卡内基梅隆大学	美国
20	北京大学	中国

(二) 工程科技人才培养与产业结构不匹配

每一次变革都是对人才结构的一次调整,未来稀缺的是高、精、专的核心人才。生产制造和建筑领域的技术革新催生出新职业,如:智能制造工程技术人员、工业互联网工程技术人员、虚拟现实工程技术人员、电气电子产品环保检测员、无人机装调检修工、铁路综合维修工和装配式建筑施工员。

　　工业智能化将是未来制造业的发展方向,很多制造型企业充分认识到,工业智能化势在必行。

　　全球都在加快智能领域的研发与应用,并且已经取得了很大的进步,例如,我们看到的工业机器人、无人配送车、无人飞机,以及更加智能的生产设备。已经为很多领域提供了智能化工业升级的基础。例如,碧桂园集团投资800亿元在顺德打造机器人谷。研发团队规模超过2600人,其中博士超过400人。已经申请专利超过300件,在研产品超过20种,8款建筑机器人已进入工地现场测试。

　　过去企业的人员结构以基层的低技术工种为主,而未来将会是拥有知识及智能控制技术的高端人才控制生产。智能制造工程技术人员、工业互联网工程技术人员岗位相应而生。而随着5G的发展,虚拟现实工程技术人员可以通过远程操控管理工厂的生产及加工。

　　受技术升级影响,工厂用工数量将明显减少,以富士康的熄灯工厂为例,截至2018年年底,富士康已经成功改造了多家"熄灯工厂"。以深圳的"熄灯工厂"为例,单条生产线从318名工作人员减少到38名工作人员,减员接近90%,但是生产效率却提升了30%,库存周期降低15%。2018年,富士康完成改造的"熄灯工厂"共实现营收47.66亿元,其中,产能提升18%,人力耗用减少84%,实现每百万营收制造费用降低11%,管理费用降低8%[1]。

　　未来工厂稀缺的不是基础的体力从业者,而是具有知识技能的高端工人。

(三) 全球工程科技竞争加剧

　　2019年2月,美国发布《美国将主宰未来的工业》,将人工智能(AI)、高端制造业(Advanced Manufacturing)、量子信息科学(Quantum Information Science, QIS)和5G四大产业纳入其中。同月德国发布《德国工业战略2030》,不仅关注电信、互联网、数字化、人工智能等新兴产业的发展,而且对传统制造业也给予了极大的关注。日本在2018—2019年度科技政策基本方针《综合创新战略》中提出加强对人工智能、农业发展、能源环境等领域创新研究的支持,并强调重点培养人工智能领域的青年人才。在我国,党的十九大报告提出要加快

---

① http://www.sse.com.cn/disclosure/listedinfo/announcement/c/2019-03-30/601138_2018_n.pdf.

建设制造强国,加快发展先进制造业,推动互联网、大数据、人工智能和实体经济深度融合;促进我国产业迈向全球价值链中高端,培育若干世界级先进制造业集群。在"工业4.0"时代的今天,以5G技术、数字化技术、无人控制技术、人工智能、生物医药、先进制造业、量子信息技术等为代表的颠覆性技术,推动了人类生产方式、生活方式、思维方式的深刻变革,工程教育也已经成为新一轮工业革命的支撑,成为各国科技产业竞赛的核心竞争力。

(四) 疫情之下的世界格局与国际秩序重组

突如其来并迅速席卷全球的新冠疫情加速了"百年未有之大变局"的进程,将进一步推动国际关系的重组,改变原有的世界格局、国际秩序和国际合作态势,对全球治理体系造成巨大冲击。疫情之下的全球工程教育合作面临着巨大挑战。

1. 世界经济衰退趋势明显,全球制造业加速转移

新冠疫情重创全球经济发展。据世界银行测算,2020年全球经济收缩5.2%。国际货币基金组织估计2020年全球经济的增长将是−3%。这成为1929年大萧条以来最严重的经济衰退,影响远超2008年的全球金融危机。在此背景下,全球制造业正在加速转移。特朗普政府曾经制订一个至少2万亿美元的经济刺激计划①,重点是加强美国制造业回流。全球制造业咨询公司科尔尼(Kearney)2020年5月发布的报告②显示,美国公司正在大规模撤离中国,而且新冠病毒有可能加速这一变化。中国美国商会(AmCham China)针对239家在华美资企业的调查显示③,22.7%的公司将把供应链从中国转移出去,19.7%的公司正考虑将部分或全部制造业迁出中国,33.2%的公司将推迟或取消其在华投资,只有2.9%的公司将增加其在华投资。

---

① Marc Hogan. What's in the $2 trillion coronavirus stimulus bill[EB/OL]. (2020-03-26). https://pitchfork.com/news/what-the-2-trillion-coronavirus-stimulus-bill-means-for-musicians/.

② Kearney. When winter comes, prepare for spring Post COVID-19 global consumer market outlook and supply chain reshaping[EB/OL]. (2020-05). https://www.pwc.com/us/en/library/covid-19/coronavirus-impacts-industrial-manufacturing.html.

③ AmCham China. Supply Chain Challenges for US Companies in China[EB/OL]. (2020-04-17). https://www.amchamchina.org/about/press-center/amcham-statement/supply-chain-challenges-for-us-companies-in-china.

2. 中美在关键技术领域内面临脱钩的风险

遏制中国的科技发展以保持美国的科技领先地位是美国的战略核心。疫情期间,美国在关键技术领域对中国的打压不断升级。2020年5月白宫方面发表了最新的《美国对中国战略方针》报告,着重指出美国要与盟友一起保护基础通信服务,支持美国的5G和人工智能等高科技产业,限制中国在美国收购高科技产业。美国工业和安全局(BIS)要求厂商将使用了美国的技术或设计的半导体芯片出口给华为时,必须得到美国政府的出口许可证。美国还将33个中国相关企业、大学、研究机构和个人列入出口管制"实体清单"。因此,中美之间科技战不可避免,特别是在信息技术、生物安全、人工智能等一些关键领域内的竞争将愈加激烈。

3. 工程科技领域内的人员交流受限

为了最大程度控制新冠病毒的蔓延,各国纷纷关闭边境,暂停签发签证和工作许可,全球人员流动几乎陷入停滞。特别是美国收紧了对科技人员的管控,例如阻止中国留学生回国、限制中国学生到美国进行STEM领域内的专业学习等,这对中美人才交流产生了重大影响,包括即将赴美的中国留学生,在美国的中国留学生和专家学者,以及美国本土那些与中国建立了合作关系的院校与机构。

4. 国际合作面临新挑战

以西方发达国家为首的部分国家,不断退出一系列多边组织及其协议。其中,美国在2017年先后退出了《跨太平洋伙伴关系协定》《巴黎协定》《全球移民协议》,在2018年退出了《关于伊朗核计划的全面协议》、联合国人权理事会、《维也纳外交关系公约关于强制解决争端之任择议定书》,在2019年撕毁《中导条约》大力发展中短程导弹,2020年退出《开放天空条约》和世界卫生组织,并且拖欠后者2亿美元的会费。原有的国际组织所承担的沟通、协调的角色与作用被削弱,国家之间合作面临新挑战。

三、工程教育国际合作的机遇

(一)中国工程教育的规模发展与国际化水平的提高

近年来,我国加入"华盛顿协议"使得工程教育的国际化水平不断提高。

《中国科技人力资源发展研究报告(2018)——科技人力资源的总量、结构与科研人员流动》显示,截至 2018 年年底,我国科技人力资源总量达 10154.5 万人,规模继续保持世界第一。普通高等教育依然是科技人力资源培养的最主要渠道,本科层次、硕士层次、博士层次,我国工学科技人力资源均高于发达国家。我国工程教育规模居世界第一,工学毕业生比例达到 32.8%,高于发达国家。从 1978 年到 2016 年,工科专科在校生人数由 9.14 万人增加到 466.28 万人,工科本科在校生人数由 19.63 万人增加到 537.57 万人,工科研究生在校生人数由 0.4 万人增加到 71.24 万人。2018 年全国普通高校达到 2663 所(含独立学院 265 所),其中本科院校 1245 所,高职(专科)院校 1418 所,约 95% 的学校设置了工科专业;全日制本专科在校生达到 2831.03 万人,其中 35% 以上是工科学生。① 在培养层次方面,在借鉴外国办学经验的基础上,我国逐步建立起了专科、本科、硕士、博士四层次的工程人才培养体系。2016 年,全国普通本科院校在校生 1612.95 万人,其中工科学生 537.57 万人,占 33.3%;高职院校(含专科学校)在校生 1082.89 万人,其中工科学生 466.28 万人,占 43.1%;在读研究生 198.11 万人,其中工科研究生 71.24 万人,占 36.0%。截至 2018 年年底,全国共有 227 所高等学校的 1170 个专业通过工程教育专业认证。工程教育在国家工业化进程中,对于门类齐全、独立完整的工业体系的形成与发展,发挥了不可替代的作用。我国工程教育发展与工业化之间存在着明显的互动关系:工业化加速发展,对工程专业人才需求增加,拉动工程教育快速发展;工业化水平越高,对工程专业人才知识、能力、素质的要求越高,推动了工程教育人才培养水平的提升。

(二)“一带一路”沿线国家形成了良好的合作基础

近年来,越来越多的国家加入“一带一路”倡议,此外,中国工程企业已做出了显著的业绩,中国众多大学与“一带一路”沿线国家建立合作关系。这为我国参与全球工程教育治理提供了基础和突破口。国家统计局 2020 年 4 月 14 日发布的一季度中国外贸数据显示,一季度我国出口下降了 11.4%,进口下降了 0.7%,贸易顺差是 983 亿美元,收窄了 20.6%。虽然疫情之下,我国的出口和进口总体呈下降态势,对欧盟的进出口下降了 10.4%,对美国的进出口

---

① 工业革命与中国工程教育发展. 中国发展观察[EB/OL]. (2020-04-20)https://baijiahao. baidu. com/s? id=1665304111051620563&wfr=spider&for=pc.

下降了 18.3% ,但对东盟进出口逆势增长了 6.1% ,成为东盟 10 国第一大贸易伙伴。

(三) 中国长期以来与国际组织建立了稳定的合作网络

我国已与联合国教科文组织、国际工程联盟、世界工程联合会等具有较大影响力的国际组织建立了密切的合作网络关系。这为后疫情时代的全球工程教育合作与治理提供了良好的基础。

全球工程教育合作面临着复杂性与不确定性的重大挑战,具体表现在四个方面:第一,全球工程教育发展不平衡;第二,工程科技人才培养与产业结构不匹配;第三,全球工程科技竞争加剧;第四,疫情之下的世界格局与国际秩序面临着重组的风险,特别是中美在关键技术领域内面临脱钩的风险,使得国际合作面临新的挑战。然而,危与机并存,全球工程教育国际合作仍具有一定的机遇,具体表现在:首先,中国工程教育的规模发展与国际化水平的提高;其次,"一带一路"沿线国家形成了良好的合作基础;最后,中国长期以来与国际组织建立了稳定的合作网络。因此,推动全球工程教育合作势在必行,且具有一定的可行性。

第四章　国际工程教育合作伙伴关系

2020 年暴发的新冠疫情给国际社会带来了极其不稳定的、破坏性的因素，全球工程教育合作也面临着巨大挑战。为建设国际合作新格局，研究国际工程教育领域内典型的合作伙伴关系，尤其是研究其对话协商机制就显得尤为重要。本章内容选取中日韩工程教育圆桌会议、欧洲工程教育学会、国际工程教育学会联盟、亚太工程组织联合会、世界工程组织联合会等合作伙伴机制作为典型案例，从组织结构、治理模式、伙伴关系、交流载体、效果评价等方面对国际工程教育合作机制进行了深入分析。

一、中日韩工程教育圆桌会议

（一）组织简介

中日韩（东亚）工程院圆桌会议（East Asia Round Table Meeting of Academies of Engineering, EA-RTM）是由中国工程院（CAE）、日本工程院（EAJ）和韩国工程院（NAEK）于 1997 年共同创立的一个科学、工程和技术方面的、非营利的、非政府的区域性合作机制，旨在讨论各成员共同关注的工程和技术科学问题，寻求最佳解决方案，为东亚发展中的技术问题提供建议，以推动东亚地区工程科学技术及经济发展。

EA-RTM 的主要成员都是在 20 世纪发展起来的。韩国工程院成立于 1995 年。1997 年 5 月，中国工程院成为国际工程与技术科学院理事会（CAETS）中的一员。CAETS 是国际工程科技界最重要的学术组织，日本也是 CAETS 的成员之一。1997 年 11 月日本召开第一届 EA-RTM 会议。会议每年举行一次,由三国工程院轮流在各自国家主办,至今已成功举办 20 余次。以"医学工程合作的未来"为主题的圆桌会议于 2019 年 12 月 2—5 日在日本大阪召开。

EA-RTM 历年的会议上,三国工程院的探讨主要集中在以下领域:工程科技在解决亚洲金融危机中的作用、环境技术、工程教育、工程师资格认证、制造业发展、工程师道德、可持续发展、新能源与可再生能源、新兴技术支持老龄化社会、先进制造、先进维护、智能城市等,三方就共同关心的工程科技问题展开研讨。

(二) 组织结构

东亚工程院圆桌会议由中日韩三国工程院共同创立。

中国工程院(CAE)属于国务院直属事业单位,是中国工程科学技术界具有最高荣誉性、咨询性的学术机构。它致力于促进工程科学技术事业的发展,加强工程科学技术队伍和优秀人才的建设与培养。中国工程教育委员会于 1998 年设立,专门负责工程教育与工程科技人才培养。多年来该机构紧密围绕国家工程科技人才培养和队伍建设的战略需求,先后组织开展数十项咨询研究,并在加强同教育界、产业界和科技界的联系,加强工程教育国际交流方面做了大量具体而扎实的工作,有力地推动了工程教育领域的制度建设和人才培养。

日本工程院(EAJ)是一个非营利性、非政府组织。该机构的成员来自学术界、产业界和政府机构,是在工程技术科学及其相关领域做出卓越贡献的顶尖专家。在人类安全和福祉的终极目标下,该机构旨在促进日本工程和科学技术的发展并为此提出相关政策建议,努力培养下一代领导人及具有工程素养的人,与各国交流思想理念、携手共同创造人类社会美好未来。

韩国工程院(NAEK)是一个为促进工程科技高效率发展的特殊法人团体。其目的是发现并表彰在大学、公司和研究机构的技术发展方面做出卓越贡献的工程师,并通过学术研究和项目支持致力于韩国创造性工程技术的发展。

EA-RTM 的职责有四项:第一,协助各国工程院制定组织政策;第二,通过组织程序和成员选举程序;第三,接纳组织及各国成员代表;第四,核准组织项目的一般概念、纲要和相关活动(见图 4-1、图 4-2)。该组织内的成员作为各国工程技术的代表,须赞同组织的非政治非政府性的国际性质,能够积极参加与组织目标相符合的重要活动,并有足够的财政支持参加该组织的活动费用。

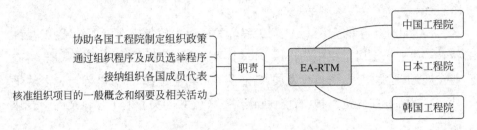

协助各国工程院制定组织政策
通过组织程序及成员选举程序　职责　EA-RTM　中国工程院
接纳组织各国成员代表　　　　　　　　　　　日本工程院
核准组织项目的一般概念和纲要及相关活动　　韩国工程院

图 4-1　EA-RTM 组织结构图 1

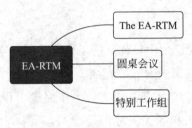

The EA-RTM
EA-RTM　圆桌会议
特别工作组

图 4-2　EA-RTM 组织结构图 2

(三) 治理模式

整个圆桌会议分为三部分进行:学术研讨会、圆桌会议行政会议和技术参观。

学术会议是提供发表及讨论各国科研成果的会议,是各国交流科学技术相当重要的桥梁。首先通过征求论文、征求摘要来宣传会议,同时提供详细的会议主题以及递交论文、摘要的步骤。最后会议结束后,提交的会议论文将编辑成册并出版。

圆桌会议指一种平等、对话的协商会议形式,参会者围绕圆桌而坐。在会议上,各国代表的席位不分上下尊卑,亦无随从位置,旨在体现各国平等原则和协商精神。圆桌会议每年例行举办一次,就与组织行政管理政策有关重要议题做出决定。圆桌会议机制为中日韩三国工程科技机构互通有无、寻求合作提供了一个有效的交流平台。

会议应由 EA-RTM 成员国轮流主持,在提前 90 天通知的情况下,EA-RTM特别会议可由该国领导或 1/3 组织成员的要求召开,每个成员有权就会议上提交表决的事项投票。目前 50% 的会议成员及公认代表出席,将达到法定人数。成员工程院可自行决定邀请观察员参加 EA-RTM 例会,但时间仅限于在本国举办的年份。定期和(或)特别会议记录由该国编写准备。

若组织成员提出要求并在例会上获批,可设立合理规模的特别工作组、研讨会和专题组处理具体论题并开展深入研究。这类工作组的运行时间原则上不能超过一年,但如有必要,可适当延长。工作组的组长一般选自举办国工程院,并在常会上提名任命。第一个工作小组于 2003 年第七届圆桌会议由来自日本工程院的 Hiroshima Suzuki 主持。该工作组还被指派在深入合作研究的基础上起草会议章程。

(四)伙伴关系

21 世纪,科学与技术在促进人类幸福、增强全国竞争力中的地位与日俱增。工程技术也逐渐走向全球化与大融合的趋势,中日韩三国工程院的合作对推动全亚洲工程科技发展有着重要的作用,数据表现如图 4-3 所示。

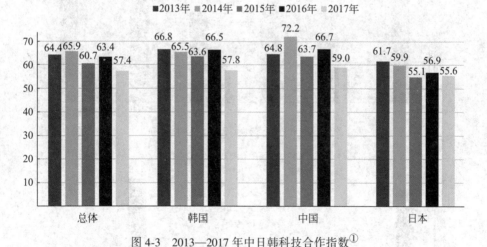

图 4-3 2013—2017 年中日韩科技合作指数[①]

影响因素:1. 合作需求;2. 预期合作效益;3. 合作数量水平;4. 合作质量水平;5. 未来前景和潜力

三国地理位置毗邻、文化相近。其在很多领域都有合作,对比情况如图 4-4、图 4-5、图 4-6 所示。

值得一提的是世界银行的统计数据显示,2013 年,这三个国家分别占全球

---

① 中国工程院(CAE)[EB/OL]. http://www.cae.cn/. 2020. 7. 12-7. 18. 科技合作指数 =(①+②+③+④+⑤)/5.

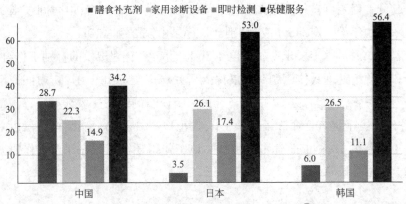

图 4-4　中日韩老年人医疗保健技术分析[①]

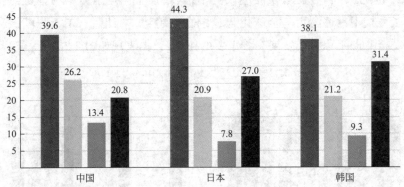

图 4-5　中日韩慢性疾病医疗技术分析

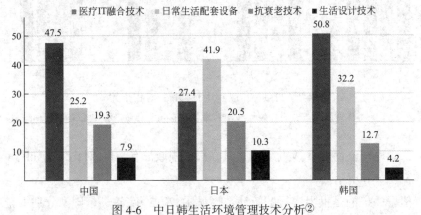

图 4-6　中日韩生活环境管理技术分析[②]

[①]　日本工程院（EAJ）[EB/OL].（2020-07-13）[2020-07-18]. http://www.eaj.or.jp/.
[②]　日本工程院（EAJ）[EB/OL].（2020-07-13）[2020-07-18]. http://www.eaj.or.jp/.

制造业增加值(MVA)的 24.5%、7.6% 和 3.1%。联合国工业发展组织发布的"2012—2013 年世界制造业竞争力指数"报告显示,日本、韩国和中国在制造业竞争力方面分别排名第一、第四和第七。此次调查旨在研究三国先进制造技术的发展现状和合作需求,并为进一步促进其先进制造技术合作提供建议。

(五) 交流载体

自 2003 年起,韩国工程院发起国际工程学术调查倡议(Task Force Activity)。中日韩三国工程院在东亚圆桌会议的体制下,开展了工程科技合作的学术问卷调查研究,旨在研究三国工程和科技发展数据、合作需求及确定潜在的合作领域以促进东亚技术合作,并为政府与产业提供建议。

(六) 效果评价

在过去的二十余年里,EA-RTM 为三国工程技术的发展做出许多巨大贡献,如全球工程伦理宣言、科技创新和技术管理。该组织自成立起就形成了支持性的氛围。中国、日本、韩国分别作为发展中国家、发达国家、新兴工业国家,在工程科技领域有各自独特的优势、技术及资源。自然历史区域以及国家自身需求促使三国工程院达成合作,EA-RTM 为三国的工程技术提供了良好的学习交流平台。每届会议中日韩三国就某个具体的工程领域进行深入研究,不仅进一步巩固了圆桌会议机制,而且对三院交流合作产生积极意义,乃至对三国工程科技界的深入合作起到了积极作用。该组织合作促进当前工程教育弱化、工程创新人才缺乏、教育资源分布不均等问题的解决。中日韩国际工程合作凝聚了更多国际共识,这对提升工程教育的影响力及倡导新的工程教育理念有着巨大的影响。

(七) 小结

中日韩三国工程院都致力于全面素质的国家工程人才的教育培养。随着 21 世纪工程科技和工程应用的发展,工程教育正在向跨学科、跨领域、跨国家合作转变,对于人才的创新能力及伦理道德规范要求也越来越高。中国未来的工程教育,要深化国际合作,充分交换意见,着力推动国际工程知识、技术及人才的交流,努力消除工程教育中人才分布及教育发展的不平衡问题。

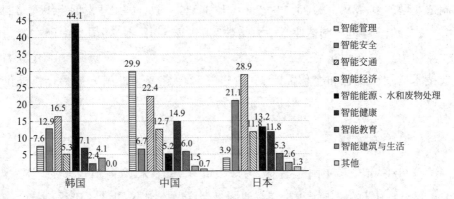

图 4-7　中日韩三国智能城市合作的迫切需要领域

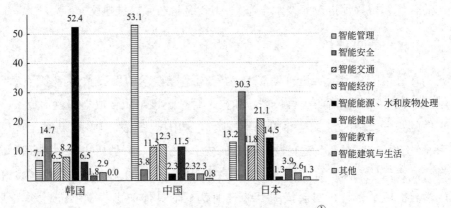

图 4-8　中日韩三国智能城市合作领域①

二、欧洲工程教育学会

(一) 组织简介

欧洲工程教育学会(Société Européenne pour la Formation des Ingénieurs, SEFI；European Society for Engineering Education)是一个非营利性国际组织,成立于 1973 年,是活跃在欧洲的最大的工程教育组织网络。SEFI 的使命是促进欧洲工程教育的发展和改善,提升工程教育的国际影响力。SEFI 为研究欧洲和世界工程教育的现状和未来构建了一个专业化平台。SEFI 拥有 300 多个国

---

①　中国工程院(CAE)[EB/OL]. (2020-07-12)[2020-07-18]. http://www.cae.cn/.

际性组织的成员,涉及高等工程机构、工程专业协会、学生协会,涵盖来自欧洲及世界范围内的工程专业学生群体、工程学术专家、工程师和企业界人士。

1. SEFI 的目标与愿景①

(1)促进工程教育发展和提升工程从业人员的社会地位。

(2)为欧洲工程教育发展提供更好的服务,促进欧洲工程教育成员间信息共享。

(3)增进工程教育成员间的沟通交流。

(4)加强工业界与学会内部工程师专业人员的协作。

(5)增进本学会成员与其他科学组织及国际机构间的交流与沟通。

(6)促进欧洲高等工程教育课程一体化。

2. SEFI 价值观②

SEFI 致力于构建多元、平等、包容的工程教育联合体。倡导创造力与专业化、参与和责任,尊重文化多样性以及跨文化融合、多元机构的包容性、多学科性和开放性、可持续性。

3. SEFI 2015—2020 年优先发展事项③

(1)工程教育吸引力

为提高工程领域对各类学生及青年工程教育工作者和研究人员的吸引力做出重要贡献。

(2)工程教育与专业技能

确保为欧洲和世界范围的雇主提供做好准备的毕业生,同时支持改善更协调的工程教育过程。

(3)工程专业能力培养

重塑工程教育发展格局,并为促进工程专业毕业生在欧洲和世界间的国际流动性和学生(认证/质量保证)政策的制定做出贡献。

---

① [EB/OL].(2020-07-13).https://www.sefi.be/wp-content/uploads/2019/05/SEFI-at-a-Glance-1.pdf.

② [EB/OL].(2020-07-13).https://www.sefi.be/wp-content/uploads/2019/05/SEFI-at-a-Glance-1.pdf.

③ [EB/OL].(2020-07-13).https://www.sefi.be/wp-content/uploads/2019/05/SEFI-at-a-Glance-1.pdf.

（4）数字化时代

由于当下数字化时代的迅猛发展,电子学习为工程教育发展带来了新的机遇和挑战,开放的在线学习和教学模式可能会永久性地改变工程教育。

（5）工程教育研究

工程教育研究作为一个研究领域在欧洲正蓬勃发展,教育实践和新技术的发展对于工程教育的可持续性发展至关重要。因此有必要对政策施加影响,以确保这一重要的研究课题通过欧盟计划以得到充分的资助。

（二）组织结构

1. 董事会 Board of Directors①

董事会成员包括欧洲工程教育学会会长、欧洲工程教育学会副会长、欧洲工程教育前任会长和各主要成员代表共20余人②。

2. 统筹委员会 Steering Committee

统筹委员会成员共8人,包括欧洲工程教育学会会长、副会长、前任会长、秘书长等③。

3. 工作小组及委员会 Working Groups and Committee④

工作小组定期就工程教育的特定主题和董事会确定的优先事项组织研讨会。特别兴趣小组是 SEFI 的真正支柱,参与制作欧洲工程教育学会出版物,组织开展工程教育活动和宣传活动。特别兴趣小组将其活动与其他区域活动相结合,通过创建可视化平台来展现特色的活动⑤。成员包括工程教育研究组组长、性别与多元化组组长、课程开发联合组组长、工程伦理教育组组长、继续工程教育与终身学习组组长、开放与在线工程教育组组长、课程开发组组长、

---

① ［EB/OL］.（2020-07-13）. https://www.sefi.be/about/who/#1499433649683-6e45900e-5d64.

② ［EB/OL］.（2020-07-13）. http://www.sefi.be/wpcontent/uploads/2019/02/Statutes and By Laws modified in 2016. pdf.

③ ［EB/OL］.（2020-07-13）. https://www.sefi.be/about/who/#1499433649683-6e45900e-5d64.

④ ［EB/OL］.（2020-07-13）. https://www.sefi.be/wp-content/uploads/2019/05/SEFI-at-a-Glance-1. pdf.

⑤ ［EB/OL］.（2020-07-13）. https://www.sefi.be/wp-content/uploads/2020/02/Deans-WGs-8. pdf.

工程教育吸引力组组长、工程教育可持续性小组组长、工程教育与物理小组组长、数学与工程教育组组长等①。

4. 国际记者站 National correspondents

国际记者站是欧洲工程教育学会各会员国之间通信往来的联络站。由各国分别指派一名代表进驻,成员包括捷克共和国、意大利、芬兰、荷兰、挪威、斯洛伐克共和国、希腊、西班牙、匈牙利、英国、爱尔兰、比利时、德国、丹麦、波兰、土耳其及法国等②。

5. 国际工程发展研究院 IIDEA International Institute for Developing Engineering Academics

SEFI 致力于培养专家学者成员的工程领导力,因此与国际工程教育学会联盟(IFEES)一起组建了国际工程发展研究院。目前该研究院在 SEFI 的参与下成为 IFEES 的一部分。IIDEA 专注于建立一个全球的工程能力发展项目体系。旨在通过开办领导力培训讲习班/课程/研讨会为所有工程教育机构和协会提供工程教育培训。③

6. 校企合作圆桌会议 Round table at Annual Conference④

会议主席由达索系统公司 Dassault Systèmes 的 Xavier Fouger 先生担任。

7. 学生合作委员会 SEFI Student Cooperation Committee

SEFI 学生合作委员会致力于与学生组织发展强有力的伙伴关系,以提高学生在工程教育领域的话语权,拓宽其视野。SEFI 学委会正积极发展新的宝贵伙伴关系致力于吸纳更多的 STEM 及工程教育领域相关的学生组织以及对工程教育感兴趣的个体加入⑤。

---

① [EB/OL]. (2020-07-13). https://www.sefi.be/about/who/#1499433649683-6e45900e-5d64.
② [EB/OL]. (2020-07-13). https://www.sefi.be/national-correspondents/.
③ [EB/OL]. (2020-07-13). https://www.sefi.be/activities/committees/.
④ [EB/OL]. (2020-07-13). https://www.sefi.be/activities/committees/.
⑤ [EB/OL]. (2020-07-13). https://www.sefi.be/activities/committees/.

8. 特设委员会 AD HOC COMMITTEES①

特设委员会的目标与学会的总体目标一致,特设委员会由董事会设立,主席由董事会任命。其职能包括与学生群体合作、工程质量保证和认证、工程教育的可持续性、推进博洛尼亚进程和与欧盟机构的合作、促进大学与企业的合作、促进与国际地理研究所的合作以及与非洲的合作。

9. 特别兴趣小组 Special interest groups②

SEFI 特别兴趣小组(简称 SIGs)负责关注工程教育中的特定主题,每个兴趣小组都是根据现实需要和专业需求创建和修订的,目的是使 SEFI 能够更详细地关注既定的 11 个主题。SIGs 是将教育工作者、学生和工业界人士等工程教育的相关方组合而成的。这些团体组织会议、工作坊、撰写重要文件并且参与欧盟项目。SEFI 成员可自由加入其感兴趣的团体。

(1) 数学组

成员参与讨论数学在工程课程、职业生活、技术、教学方法、学习和激励学生以及评估形式等方面的实际应用。该组织每两年组织一次相关研讨会。

(2) 物理学组

该组织由物理教师和对电子工程中的物理教学感兴趣的人组成,每两年组织一次 PTEE 会议。PTEE 会议是一个分享挑战和解决方案的论坛。

(3) 工程教育研究组

该组织承办欧洲工程教育研究者论坛,为欧洲和世界工程教育的发展提供理论依据。

(4) 开放和在线教育组

该组织旨在帮助教育者了解什么是开放和在线教育。该组织有志于通过新技术来消除时空障碍,让更多学生了解和接受工程教育并且开发出新的教育形式。

---

① [EB/OL].(2020-07-13). https://www.sefi.be/wp-content/uploads/2019/02/Statutes-and-By-Laws-modified-in-2016.pdf.

② [EB/OL].(2020-07-13). https://www.sefi.be/wp-content/uploads/2020/02/Deans-WGs-8.pdf.

（5）继续教育和终身学习组

该小组研究继续教育和终身学习的理论和实践问题，目的是促进实践方式的全新整合。例如"学中做""做中学"相结合；中欧和东欧的信息技术支持；正规学习与非正规学习活动相结合等。

（6）可持续性工作组

可持续性原则成为工程课程的一个重要方面。该小组研究工程教育的可持续性领域对工程教育的影响。

（7）性别和多样性工作组

该组织在工程教育和专业发展中倡导性别多样性和包容性的价值观。该小组商讨并借鉴了欧洲各工程教育机构中吸引和留住女性学生和女性工作者的成功经验。

（8）吸引力工作组

该小组致力于提高工程教育对潜在学生的吸引力，包括学者、企业家和广泛的高等教育利益相关者，以及国家和国际政治团体。

（9）伦理学会

伦理学会的目标是分享工程伦理学教学中新的创意和新的实践教学经验，使组织成员跟踪了解工程伦理学研究的前沿主题和研究方法，并为小组成员之间的合作提供国际舞台。

（10）工程技能组

该小组致力于回顾工程技能的现状，并明确未来发展趋势，以便向工程教育界通报，从而确保当前工程项目的顺利开展。

（11）课程开发组

在课程开发领域，该小组与 SEFI 内大多数 SIGs 相联系，重点是学习不同教育背景下开展的工程教育课程改革经验，以及了解不同国家学生的学习兴趣。

（三）治理模式

1. 欧洲工学院院长理事会 European Engineering Deans Council(EEDC)[1]

欧洲工学院院长理事会是 SEFI 的工程领导人交流活动平台。通过 EEDC

---

[1]　[EB/OL].（2020-07-13）. http://sefibenvwh. cluster023. hosting. ovh. net/activities/deans/european-engineering-deans-council/.

促进各成员之间交流分享工程实践经验;收集和分析有关欧洲高等工程教育的信息,并在 EEDC 成员中分享;与地方、国家和国际各级领导人组织和协会合作;为其成员组织会议和研讨会;参与与工程教育和研究相关的政策讨论;参加全球工学院院长理事会。

2. 欧洲工程学院院长会议 Annual European Convention of Engineering Deans(ECED)[①]

此会议由工程教育的关键合作伙伴承办。每年年会聚集来自欧洲各地的工科院长及工程协会领导人,旨在深入讨论共同关注的工程教育话题,分享工程教育发展经验,找出工程教育问题的解决方案。

3. SEFI 主题活动 SEFI Thematic Events[②]

主题活动是区域间开展的合作活动,对于国家出台相关工程教育政策,解决工程教育出现的问题十分重要,因此 SEFI 重视通过主题活动商讨开展更多的区域合作,从而更好地为欧洲工程教育的发展服务。如 SEFI 与主要工程教育合作伙伴合作举办的欧洲工程学院院长会议(ECED),与全球工程学院院长理事会密切合作的欧洲工程学院院长理事会(EEDC),并通过这些会议来商讨确定学会的主题活动。

4. 欧洲工程教育年会 SEFI Annual Conference[③]

欧洲工程教育年会是欧洲工程教育学会最重要的活动,也是整个欧洲重磅级的工程教育活动,是专注于工程教育主题的科学会议,是欧洲同类会议中最大型的工程教育会议。会议搭建了一个覆盖欧洲及世界工程教育领域的专业沟通交流平台。参会人员不仅可以与欧洲及世界各地的工程教育界同行们进行学术交流与沟通,还可以在会中寻找企业投资者,共同洽谈相关工程合作事宜。

---

① [EB/OL].(2020-07-13). http://sefibenvwh. cluster023. hosting. ovh. net/activities/events/european-convention-for-engineering-deans/.

② [EB/OL].(2020-07-13). https://www. sefi. be/activities/events/workshops-and-seminars/.

③ [EB/OL].(2020-07-13). https://www. sefi. be/activities/events/annual-conference/.

5. 表决机制①

欧洲工程学会根据会员类型给予其不同程度的投票表决权。如表 4-1 所示。

表 4-1　欧洲工程学会表决票数统计表

机构类型	投票权
组织会员	人数少于 400 的工程专业学生组织 2 票;人数为 401~2000 的工程专业学生组织 4 票;人数为 2001~5000 的工程专业学生组织 6 票;人数为 5001~10 000 的工程专业学生组织 8 票;人数超过 10 000 人的工程专业学生组织 10 票。
独立会员	正式会员 1 票;独立机构会员 1 票;退休学者或工程师 1 票;学生 1 票。
工业界会员	工作支持伙伴 1 票;企业会员 2 票;企业合作伙伴 3 票。
非正式会员	学生社团 2 票;协会 2 票;组织非正式会员 2 票;专业协会 2 票;未付费会员 0 票。

6. 董事会运行机制

董事会负责审核决定加入本会议的会员资格,董事会成员的候选人必须得到学会中至少三名成员的认可。代表机构成员的候选人必须得到三名中至少两名机构成员的支持。一名成员不能支持两名以上的候选人。

7. 工作组、常委会、委员会运行机制

各组织的工作目标应与学会的总体目标相适应,工作组和常设委员会应对符合条件的所有社会成员开放,每个工作组和常设委员会的主席应从会员中提名,并由董事会批准,且应向董事会报告其集团或委员会的活动,理事会主席应由董事会从理事会成员中提名,候选人应向董事会报告其主持的理事会的活动。理事会主席被邀请作为观察员出席董事会会议,未经董事会或主席批准,工作组、常设委员会或理事会不得发表任何公开声明。

---

① ［EB/OL］.（2020-07-13）. https://www.sefi. be/wp-content/uploads/2019/02/Statutes-and-By-Laws-modified-in-2016. pdf.

8. 主席与副主席职能

如果主席职位出缺,其职责应由任职时间最长的副主席履行,如果副主席出缺,其职责应由另一名副主席履行,其他空缺的职位安排由董事会视情况而决策,在候选人缺席的情况下,董事会可以向大会提出替代提案,以确保学会在下届大会开展之前正常运作。

(四) 伙伴关系

1. SEFI 的国际合作组织①

自创立伊始,SEFI 已经发起和参与了多个国际合作项目,现在正在积极筹划参与 ERASMUS+和 HORIZON 2020 项目。此外 SEFI 还积极促成成员间达成战略合作伙伴关系,共同推进项目的成功进行。迄今为止共促成了来自 42 个欧洲国家及全世界的包括个体、教育教学组织、学生群体和工业界之间的实践合作计划或长期交流项目。

(1) SEFI 与教科文组织和欧洲委员会之间保持着正式的官方合作关系,并与欧盟执行委员会和其他欧洲伙伴以及欧洲以外的相关组织保持长期稳定关系,与各组织进行定期联系,互通有无。

(2) SEFI 是欧洲空间局(1996 年)、美洲空间局(1989 年)、国际空间局联合会(2006 年)、欧洲空间局联合会(2006 年)、国际空间局联合会(2011 年)和 EEDC (2012 年)的创始会员。

2. SEFI 企业合作伙伴②

(1) 达索系统公司(Dassault Systèmes)

达索系统公司是 3D 体验公司,为企业和普通消费者创造虚拟世界来拓展其可持续创新力的想象空间。公司开发的 3D 体验平台利用世界领先的 3D 软件来进行产品设计、转变生产方式以及提供技术支持,为企业提升客户体验满意度。

---

① [EB/OL]. (2020-07-13). https://www.sefi.be/wp-content/uploads/2019/05/SEFI-at-a-Glance-1.pdf.

② [EB/OL]. (2020-07-13). https://www.sefi.be/members/corporate-partners/.

（2）格兰塔（Granta）

格兰塔成立于 1994 年,是剑桥大学的一个分支机构,专注于企业材料数据管理技术,成立以来帮助数百家工程企业管理对其业务至关重要的材料(金属、塑料、复合材料等)信息。

（3）迈斯沃克（MathWorks）

迈斯沃克公司成立于 1984 年,是面向工程师和科学家的数学计算软件公司。公司开发的 Mathlab 软件是大多数高等工程教育机构使用的前沿数学建模软件。

（4）国家仪器公司（National Instruments）

国家仪器公司为教育工作者提供了超越理论和模拟的工具,以帮助学生认识工程开展的意义。其所开发的 NI LabVIEW 图形系统设计软件和模块化硬件在一个完整的平台中将课程与现实世界联系起来,加速提升生产力、开展实验和学习研究。

3. 国际项目合作

参与国际教育和研究合作项目是 SEFI 的另一项核心活动。

（1）GEDC·SEFI 全球虚拟实习计划①

这个计划是由欧洲工程教育学会（SEFI）与全球工学院院长理事会（GEDC）共同合作开发的项目,名为 Global Virtual Internship Program（全球虚拟实习计划）。全球工程学院院长理事会和欧洲工程教育学会正努力使成员机构的工科学生能够加入到全球虚拟实习计划中来。通过这个项目,学生在家即可获得由学会的公司和大学成员所提供的实习机会,从而获得关键的专业技能和国际经验。

① GEDC 简介②

全球工学院院长理事会（Global Engineering Deans Council）是国际工程教育学会联盟（International Federation of Engineering Education Societies, IFEES）的附属机构。

全球工学院院长理事会秘书处的使命是加强全球工学院院长间的联系,并利用其集体优势推进工程教育发展和科学研究并服务于全球。

---

① ［EB/OL］.（2020-07-13）. https://global-virtual-internships.com/.
② ［EB/OL］.（2020-07-13）. https://global-virtual-internships.com/about-gedc.

② GEDC 的目标愿景

为交换全球工程项目信息、分享工程经验、解决工程面临的挑战以及讨论工程领导项目实践问题提供全球论坛;建立关系网支持工学院院长在区域发展、国家和国际政策中发挥领导作用;为工学院院长提供一种在课程开发和创新方面相互合作的途径,以及与行业和其他利益相关方合作的方式;积极参与全球工程教育质量标准体系的开发和维护。

(2) 欧洲学生技术委员会虚拟峰会 BEST(Board of European Students of Technology) Virtual Summit[①]

SEFI 积极参与欧洲学生技术委员会虚拟峰会。首届欧洲学生技术委员会虚拟峰会"超越大流行"主题在线会议于 2020 年 6 月 15—20 日举行,旨在与不同专业背景的学生和青年学者共同学习和讨论关于未来教育、工作和联合国可持续发展目标三大主题。

BVS 提供了丰富多样的主题演讲、工作坊、专家访谈和研讨会,为与会者之间沟通交流搭建社交平台等。参会者不仅有学生、专家、学者,还有公司代表、官方和私人机构组织、政要等各界人士。

SEFI 的三名董事会成员出席了此次活动,如 Frederik Georgsson 于 2020 年 6 月 15 日参加了"大流行后的欧洲大学"小组讨论;Gillian Saunders-Smits 在 2020 年 6 月 15 日发表了"你是什么类型的工程师,你有合适的技能吗?"主题演讲;Klara Kövesi 于 2020 年 6 月 16 日通过分享 A-STEP 2030 项目的初步成果,介绍了"面向可持续未来的工程教育"。

(五) 交流载体

1. 欧洲工学院院长理事会 European Engineering Deans Council (EEDC)[②]

这是一个专门为工程机构领导人或工学院院长搭建的沟通与对话的永久交流平台,每年定期召开会议讨论其在大学校长论坛中感兴趣的主题。该平台汇聚了工程教育管理者们的集体智慧结晶,借此促进工程教育的发展与研

---

① [EB/OL]. (2020-07-13). https://www.sefi.be/2020/07/01/best-virtual-summit-presented-speakers-from-sefi/.

② [EB/OL]. (2020-07-13). http://sefibenvwh.cluster023.hosting.ovh.net/activities/deans/european-engineering-deans-council/.

究。欧洲工学院院长理事会不仅帮助工程协会领导者们探索和寻找与工业界及其他利益相关者在教育、研究和创新方面合作的机会，而且还鼓励工程委员会的委员们在制定欧洲和国家政策造福社会等方面发挥其主导作用。

2. 欧洲工学院院长会议 European Convention for Engineering Deans (ECED) ①

SEFI 于 2005 年在佛罗伦萨大学 Prof. Borri(博里教授)的主持下发起会议。自 2011 年起,此会议改由 SEFI、当地工程教育机构和其他合作伙伴共同承办。

3. SEFI 举办的重大活动

(1) 欧洲工程学会官方论坛 SEFI Debate

SEFI 组织官方论坛,讨论关于欧洲工程教育领域的新兴议题②。

(2) SEFI Thematic Events:SEFI 主题活动③

对于协调一些国家解决工程教育相关领域问题而言,开展区域间的合作活动十分重要。因此 SEFI 十分重视开展区域会议,以商讨开展更多的区域合作活动,从而更好地为欧洲工程教育发展服务。同时,为了加强区域之间的联系与合作,每个月都会举行各类会议,以此推动区域工程教育的发展④。

(3) The SEFI Annual Conference 欧洲工程教育年会⑤

欧洲工程教育学会最重要的活动是欧洲工程教育年会,是整个欧洲重磅级的工程教育活动,也是欧洲同类型中最大型的工程教育会议,其专注于开展工程教育主题的科学会议。对参加会议学者来说,不仅可以与欧洲及世界各地的工程教育界的同行们进行学术交流与沟通,还可以与应邀参会的工业界人士交流与沟通,可以在此次会议上寻找投资者,共同洽谈合作项目。会议为欧洲及世界工程教育领域的专业沟通搭建了一个广泛的交流平台。每年会议的主题根据当下社会发展热点问题和学会成员重点关注议题而变换。

2020 年 SEFI 会议的主题为"参与工程教育"。此次会议的目的是吸引年

---

①　[EB/OL]. (2020-07-13). sefibenvwh. cluster023. hosting. ovh. net/activities/events/european-convention-for-engineering-deans/.

②　[EB/OL]. (2020-07-13). https://www. sefi. be/activities/events/sefi-debate/.

③　[EB/OL]. (2020-07-13). https://www. sefi. be/activities/events/workshops-and-seminars/.

④　[EB/OL]. (2020-07-13). https://www. sefi. be/activities/events/.

⑤　[EB/OL]. (2020-07-13). https://www. sefi. be/activities/events/annual-conference/.

轻一代从事工程相关职业,希望能够汇聚更多年轻一代的力量,共同参与工程教育的发展和提升。会议时间定在 2020 年 9 月 20—24 日,会议地点定于荷兰的恩斯赫德,计划在特温特大学校园举行。由于疫情原因,此次会议转为线上会议。

(4) 出版物①

表 4-2　SEFI 出版物一览表

重要出版物	近期出版物	其他出版物
《欧洲工程教育杂志》: SEFI 的官方双月刊科学杂志,从欧洲视角介绍了工程教育相关研究领域,这本杂志代表了欧洲和世界工程教育取得的重要进展。	ASEE 与 SEFI 的联合声明平等与包容	SEFI 关于工程教育多样性、平等、包容性声明; 幕那奇简讯; 里斯本宣言; 工程技能论著; 工程数学教育课程框架; 年度报告; 伦敦议程; 驱动工程教育面向未来挑战; 知识三角; 重塑未来。
《SEFI 通讯》: Newsletter 每月发送给所有会员和订户,每月月底发布。	鲁汶经验	
每周评论: 每周都会向所有会员发送一份新闻评论,包含来自工程教育领域的最有趣的剪报。借此,会员可以随时了解该领域的最新信息。注册 SEFI 后,会员将自动被列入邮件列表,并于每周二发至其邮箱。	SEFI 宣传页	

(5) 在线研讨会 online workshop②

人道主义工程正在全世界的大学和专业工作场所兴起。人道主义工程项目在工程和社区可持续性发展的交汇点上,因此社会技术和共同设计专业知识是项目开展的基础。然而,这样的技能和思维方式很难进行教育、学习和评

---

① [EB/OL].(2020-07-13).https://www.sefi.be/publications/.

② [EB/OL].(2020-07-13).https://www.sefi.be/2020/07/01/online-workshop-invitation-assessment-of-socio-technical-and-co-design-expertise-in-humanitarian-engineering/.

估。因此有必要制定有效的教学和评估策略,而这又取决于社会技术和共同设计专业知识列出其明确的可操作化定义。

本次研讨会将讨论"能量转化站 the Energy Conversion Playground（ECP）"这是一个基于情景的评估,旨在评估人道主义工程背景下的社会技术思维和共同设计专业知识。参与者将有机会参与评估,并讨论如何为其他构建开发他们自己的基于场景的评估。

（六）效果评价

1. 构建全球性、立体化多元特色的合作伙伴关系网

欧洲工程学会积极拓展其工程教育领域伙伴关系网,不仅将欧洲地域的工程教育组织、机构以及学术研究机构联合起来,而且积极向外拓展,迄今为止共促成了来自 42 个欧洲国家及全世界的交流与合作,开启了国际合作新篇章。从合作范围上来看其合作伙伴不仅包括欧洲,也逐渐拓展至包括中国在内的亚洲乃至全世界。从合作关系上来看,不仅包括与联合国教科文组织以及欧洲委员会之间的官方正式合作关系,还包括非正式的友好合作关系。如与美国工程教育协会 ASEE 签署的合作备忘录。从合作组织来看,不仅包括工程教育学术研究机构、工程学院、工程教育人才培养机构,还包括与工业界、企业界之间的合作。如与剑桥大学的 GRANTA 以及与 MathWorks 公司的合作。从合作深度来看,深度参与欧盟的工程项目,多年来参与多项大型工程项目的合作,内容从工程技术开发（如"早期识别干细胞准备和有针对性的学术干预"）到工程教育理论研究（如"未来工程师的职业角色和就业能力"）再到人才培养策略（如"EBCC 模式-商业、教育、社会三位一体的欧洲工程教育新型合作模式"）不等。从空间上看,合作范围覆盖整个欧洲乃至全世界;从时间上看,自 1973 年成立之日起,欧洲工程学会一直坚持深耕不辍,时至今日使得其国际影响力日益扩大,切实为欧洲工程教育的发展做出突出的贡献。欧洲工程教育学会联合工业界、企业界、教育界、学术界,上至国家下至对工程教育感兴趣的个体无一不包,形成其独具特色的多元化、立体性的全球伙伴关系网络体系。

2. 推动组建科技新兴体

SEFI 是欧洲空间局（1996 年）、美洲空间局（1989 年）、国际空间局联合会

（2006 年）、欧洲空间局联合会（2006 年）、国际空间局联合会（2011 年）和 EEDC（2012 年）的创始会员。此外，SEFI 还是下列组织的创始成员或拥立者：EUROP @ CE；IACEE；IIDEA；IFEES；ENAEE（European Network for Accreditation of Engineering Education）。以上这些工程界的新兴科技组织身上或多或少都可看到欧洲工程教育学会的身影，欧洲工程教育学会不仅极力呼吁社会各界予以支持，而且在学会内部成立了国际工程发展研究所，旨在为世界上更多的工程机构、组织以及对工程感兴趣的个人提供专业培训。除此以外，还在推动整个欧洲的工程教育认证体系的建设方面功不可没，积极聚拢欧洲工程教育发展的力量，成立特别兴趣小组负责组织欧盟各成员国在工程教育课程研发、工程教育吸引力、工程教育专业技能发展等方面积极作为，在促进欧洲工程教育发展，提升工程师的国际地位方面功不可没。

3. 搭建全方位多领域的欧洲工程教育交流平台

欧洲工程教育学会针对不同主体，创建方便各方沟通交流的平台，努力为协调各方谋发展促合作，权衡各方利益，提高学生群体的话语权，使得参会成员的权益都能得到保障和重视。如针对校企合作搭建的校企合作圆桌会议；面向工程专业学生团体及个人成立的学生合作委员会；针对不同成员的兴趣成立的特别兴趣小组等。此外，欧洲工程教育学会还举行丰富多彩的工程教育论坛；为加强区域之间合作而开展主题会议；为了解欧洲工程教育发展现状以及欧洲工程教育的未来发展建言献策而开展欧洲工学院院长会议；为统筹欧洲工程教育发展规划的欧洲工程教育年度会议等丰富多彩的会议活动。这些会议的主题紧跟社会发展和时代需求而更替变换，也为欧洲工程教育发展紧跟时代发展步伐充当引路人。

4. 集宣传、研究、规划、实施于一体的运行机制

在宣传方面，欧洲工程教育学会出版了多达十几种的刊物来进行外宣和同行交流，如 European Journal of Engineering Education、Newsletter、Weekly Press Review 等。此外，还成立了国际记者站来负责欧洲国家之间的通信往来，及时互通有无，了解最新最热的工程教育话题。

在研究方面，欧洲工程教育学会成立专门的兴趣小组共 11 个，目的就是保障学会能够关注到每一个方面。这些专门兴趣小组不仅包含工程教育

专业科学知识和技能还包括工程伦理观、工程教育可持续发展等关键工程领域;不仅面向现代进行开放和在线工程教育的尝试,而且着眼未来成立继续工程教育和终身学习小组,探索其在实践方面的新变化。此外,还在专门的兴趣小组中设立了一个工程教育研究组负责为研究者提供研究所需的依据。最后,国际工程发展研究所亦是为了进行工程领导力的培养研究而设立的。除了这些组织机构以外,欧洲工程教育学会还积极参与工程项目研究,先后与欧盟一道合作研发了许多重大项目工程,目前学会正重点关注"ERASMUS+"项目研究。

规划方面主要是通过欧洲工学院院长理事会 EEDC、欧洲工学院院长会议 ECED、SEFI 论坛、主题活动、欧洲工程教育学会年度会议来商讨其发展规划。欧洲工程教育学会成员众多,沟通协商工作主要是通过董事会、统筹委员会、活动组委会等机构来执行,根据发展需要划分不同工作区域,成立相应的管理机构来保证其组织机制能够顺畅运转。其中董事会是决策机构,其他则为执行机构,向董事会负责。各组织之间合作无间共同促进欧洲工程教育发展。

(七) 小结

1. "引进来"和"走出去"双管齐下的发展道路

从欧洲工程教育学会的国际发展举措可以看出其"引进来"和"走出去"的积极作为。一方面,通过向外拓展,积极参加国际工程项目合作,支持新兴科技机构和工程组织的组建,在合作中赢得国际知名工程组织机构的认可和支持,保持友好合作关系从而积累了丰富的合作伙伴关系网,为其日后国际化进程拓宽了发展途径。另一方面,通过组织丰富多彩的论坛、会议,出版公开刊物,组建国际记者站等措施来扩大其国际影响力,将欧洲内部的工程教育相关机构、组织、个体的力量积聚成更大的工程发展动力,增强其国际关注度,吸引国际工程界的参与。

2. 凝聚力量,促进工程教育区域协同发展

欧洲工程教育学会在促进欧洲工程教育一体化进程中功不可没。积极筹措各方会谈共聚一堂就整个欧洲工程教育发展的现状进行沟通,通过各种主题活动、国际记者站、欧洲工程学院领导人会议、出版刊物等多种形式为欧洲

工程教育的整体发展献言献策,为未来欧洲工程教育走向世界打下坚实的基础。

3. 欧洲工程教育学会对我国工程教育发展的启示

中国工程教育的国际化离不开"引进来"和"走出去"。一方面积极参与国际工程教育专业认证,打通工程教育国际化发展通道,借鉴国外工程教育发展的成熟经验,提升我国工程教育的软实力。尤其是工程人才培养方面,我国工程教育中普遍忽略通识,或是流于形式,在工程人才的创造力培养、领导力培养方面缺乏着力点,培养的工科学生缺乏进行国际交流的语言能力、创新能力。未来,我国的工程人才培养应注重借鉴国外工程人才培养经验,在课程研发上推陈出新,打破学科界限,进行跨学科的融合尝试,为学生提供更多元的国际工程合作项目参与机会。另一方面,借助"一带一路"沿线国家的工程建设契机,输出我国工程教育的价值观念,促进中国工程教育国际地位的提升,扩大我国工程界的影响力和认可度。

我国的工程教育区域之间尚未形成类似于欧洲工程教育学会,能够将工程教育研究机构、人才培养机构、产业界、个体等联合起来的统一的联合体。能否使工程教育在我国实现一体化是决定其能否走向世界舞台的关键一步。在未来发展中,应结合我国国情,借鉴欧洲工程教育学会的发展经验,借助我国已有的工程教育官方组织,发挥其领头羊的作用,将各方力量积聚在一起共同推动中国工程教育体制机制的完善,组织全国性的工程教育联合会议,创建工程教育热点话题论坛邀请各界人士交流沟通,在校企合作等方面创设机会,成立专门的管理统筹机构负责规划制定系列主题活动来强化各界人士的意见沟通,创设丰富多彩的工程教育主题活动、展览、研讨会、工作坊等,提供其发展所需的硬件和软件设备。

三、国际工程教育学会联盟

(一)组织简介

2006 年 10 月,国际工程教育学会联盟(International Federation of Engineering Education Societies,IFEES)在巴西里约热内卢举行的美国工程教育学会全球会议上成立。IFEES 是通过构建教育、企业和组织之间的网络合作来发展全球工程教育,并积极影响全球发展和社会经济增长的国际性、非营利性、非政府组织。从内部看,IFEES 是一个会员集体,通过各大会员协会的合作建立高质量的工程教育流程,保障全球工程专业毕业生的教育质量,增强代表性不足的群体在工程教育界的参与度并提高工程技术的社会价值。IFEES 关注文化和工程教育、工程教育质量保证、教学法和技术在课堂中的作用等议题。

IFESS 的使命是:第一,IFESS 将致力于在全球范围内建立有效的高质量工程教育流程,以确保向全球提供充分准备的工程专业毕业生。第二,IFEES 将加强成员组织及其支持教职员工和学生的能力。它将吸引企业的参与,从而帮助工程毕业生与国际公司联系起来,以满足当下对具有国际化素养优秀工程师的迫切需要。第三,IFEES 为世界各地的公司成员和工程教育领导者(校长、工程系主任、教职员工和学生)提供了一个平台和场所,促进双赢的行业——大学在众多活动中的合作,并为机构和领导能力建设做出贡献。

(二) 组织结构

IFEES 是一个由会员组成的机构,会员具有非常大的权利。所有其他决策机构、行政机构都由会员大会经提名委员会投票选举任命。

IFEES 的决策机构为会员大会(以下简称大会)、执行委员会和主席团,其行政机构为官员集体、秘书长和执行委员会。其组织结构图如图 4-9 所示。

(三) 治理模式

IFEES 和全球工学院院长理事会(GEDC)在行政事务上合作非常密切。GEDC 的主席是 IFEES 执行委员会的一员,也是唯一一位不具备会员背景的有投票权的官员。

(四) 伙伴关系

截至 2020 年 7 月,IFEES 共有 50 多个工程教育协会和企业合作伙伴(详见附录)。

IFEES 也有会员成员专注于工程教育质量认证领域,如欧洲工程教育认证网络 ENAEE、秘鲁质量与认证研究所 ICACIT[①]、巴西工程教育协会

---

① 由秘鲁国家工程学院(CIP)、巴西国家工业产权中心(CONFIEP)、秘鲁软件开发协会(APESOF)、秘鲁国家工程学院(API)和 IEEE 秘鲁分部组成。

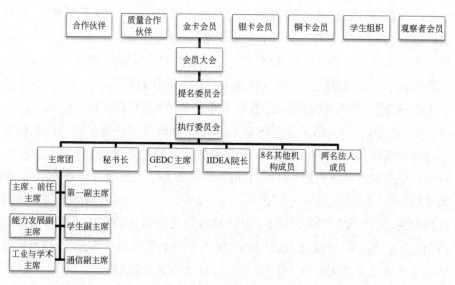

图 4-9 IFEES 组织结构图

（ABENGE）、欧洲工程教育认证网络 ENAEE[①]、InnovaHied 西班牙语 IGIP 认证计划等。

每年的交流中会涉及工程教育的质量评定和保证,如 2018 年 9 月的国际工程教育会议（ACOFI）讨论了"工程学院的管理、质量与发展";2017 年国际工程联盟（IEA）年会上通过三项《教育协议》和四项《能力协议》。IEA 成员建立并执行了国际标准的工程教育课程认证和预期的工程实践能力标准。全面的质量标准制定,包括对教育性评估、专业人士的能力评估,以及评定机构进行认证的程序。

在质量认证方面,有 2017 年 3 月学术论坛和讲习班（AcoFI）开展了"冲突后、创新和认证:工程学院管理人员感兴趣的问题"的论题讨论;第 16 届拉丁美洲和加勒比工程机构（LACCEI）国际工程、教育和技术多方会议（LACCEI）在"教育与融合的创新"主题下开展了"工程认证、评估与全球化"的子主题讨论;第 17 届拉丁美洲和加勒比工程机构国际工程、教育和技术多方会议（LACCEI）的主题是"认证、评估与工程全球化";等等。

---

① 欧洲工程教育认证网络（ENAEE）在整个欧洲乃至整个世界范围内推广高质量的工程教育,通过授权 EUR-ACE® 标签表示对工程学位课程的认可。

（五）交流载体

IFEES 的会议大部分由各个会员组织,议题广泛,与会人数众多。值得注意的是 2017 年这个时间点,2017 年以后会议召开的频率迅速增加,每年会议次数达 50 场左右。而 2016 年全年共召开 4 场大会,2012—2015 年会议开展数量亦是很少。

IFEES 为了最大化发挥其"国际集合体"优势,需要充分利用各种交流载体、举办各大交流活动。IFEES 在交流合作这一块完成得很好,契合发展时事,顺应时代潮流,关注弱势群体,以更精确更广泛地传达 IFEES 的"和平、共同、可持续发展"工程教育理念。

自其成立以来举办过的活动形式包括工作坊、论坛、网络研讨会、倡议书、期刊书报、社会工作项目等。活动的领导与组织者身份多样,包括非营利性组织机构、政府部门、企业高层管理者、工业企业技术者、作家、教育研究者等。在此对近 5 年举办的各类活动做详细介绍,可对其交流载体形式有大致的了解。

1. 工作坊

"《Matilda 女士与拉丁美洲工程学妇女(第二册)》来了"直播论坛。该书由联邦工程学院院长理事会(CONFEDI)和 LACCEI 共同编辑和发行。影响力:第一册的成功出版在拉丁美洲掀起了各种行动,突出了妇女在工程中的作用并唤醒了早期职业意识,效果甚至还在持续发酵。

2. 出版物

IFEES-GEDC 季刊 *GLOBAL ENGINEER*,2020 年 5 月的主题是颠覆性范式(disruption)触发创新的工程解决方案。

许多 IFEES 成员出版自己的杂志和学术期刊,如 AAEE 澳大利亚工程教育杂志、ANFEI 杂志(西班牙语)、ACOFI 工程教育杂志(西班牙语)、ASEE 工程教育杂志、CONFEDI 阿根廷工程学杂志(西班牙语)、JOE-国际在线工程杂志、iJET-国际新兴学习技术杂志、iJIM-国际互动移动技术杂志、iJAC-国际高级企业学习杂志、iJES-工程,科学与 IT 领域最新国际期刊、菲律宾计算机工程师学会-研究期刊、IGIP 国际工程教育学杂志(iJEP)、ISTE 印度技术教育杂志、

IUCEE 工程教育变革杂志、JSEE 工程教育杂志(日语)、KSEE 工程教育杂志(韩文)、LACCEI 拉丁美洲和加勒比工程教育杂志(英文和西班牙文)、SEFI 欧洲工程教育杂志等。

3. 倡议和活动

2020 年 4 月 27 日,IFEES-GEDC 向社会发起 COVID-19 呼吁行动,号召有志者参与活动。项目主要内容分为 2 个,其一项目主题是"教育、研究、就业能力",子板块项目分别为:和平工程项目(融合传统工程课程和当代和平成果,构建案例收集数据创建内容)、全球和平实验室(可供全球使用的用于教学和研究的虚拟实验室网络)、学生实习和项目(优化虚拟的学生实习和项目工作流程)。其二是启动全球项目——建立"无边界"网络教育基础设施,分析当地的电信、电网、医疗保健系统及其对 COVID-19 的应急能力。

(六) 效果评价

IFEES 是一个成功的国际组织。第一,参与者的角色多样,会议可获得学生、教师、教育管理者、工业管理者、工程师、政府机构等不同视角的观点。这有利于从系统层面干涉社会工程教育系统的互动关系,也有利于各个工程教育机构或成员获得更全面的、真实的理解,从而得到良好的工程教育改革和发展。第二,国际性组织关注弱势群体,一定程度上 IFEES 有权利有机会协调资源分配,促进教育公平发展。例如,2019 年的 WEEF 会议在印度钦奈召开,这能有效提高钦奈的国际知名度,增大其与国际组织交流合作的机会。第三,IFEES 的决策可以保证一定的公平性。为了保证 IFEES 的正常经济周转,会员按缴纳会费的多少评定等级,如合作伙伴公司每年 5000 美元;金卡会员每年 2000 美元;银卡会员每年 1000 美元;铜卡会员每年 500 美元;观察员不缴纳(仅适用 1 年)。除享受的支持不同以外,会员代表大会每人参与决策时都是民主平等的,会员们都有一票权利,也都具有竞选 IFEES 领导的权利。第四,领导层的国籍背景具有多样性,可以代表不同地区和国家的利益。IFEES 的组织管理者共 14 人来自 10 个不同的国家,其中 3 位来自美国、2 位来自印度、2 位来自阿联酋,其余国家是中国、秘鲁、日本、韩国、澳大利亚、阿根廷、英国。

从全球的伙伴关系上看,IFEES 拥有强大的国际合作网络,目前已有 50 多个工程教育协会和企业可以享受 IFEES 的会员权益。他们是联合会工程教育议程的主要参与者和引导者,通过缴纳会费成为不同等级的会员,享受不同的决策参与权利,接受全球权威工程教育组织的影响同时扩大会员自身的影响力。他们扎根于世界所有地区,不仅有一直以来备受关注的发达地区,例如欧美地区、亚洲、大洋洲等,也涉及南非、中东、东南亚等欠发达地区,包括伊朗、土耳其、葡萄牙、马来西亚、哥伦比亚、韩国等国家的工程教育组织在内。但就目前的发展规模看有两点不足之处。其一是北欧、北非地区的工程教育组织欠缺。其二是地域性组织团队偏多,国际性组织数量仍偏少。因此发展国际组织被纳入 IFEES 的发展策略之中,如 15 年致力于加强与世界工程教育论坛(WEEF)、国际工程教育联盟(IEA)、世界工程教育组织联合会(WFEO)、联合国儿童基金会(UNICEF)的合作。

IFEES 提供的全球创新协作渠道可以推动工程教育朝着公司、学术界和学生团体等所有领域利益相关者的方向发展。这是因为 IFEES 拥有代表不同利益群体的合作伙伴,包括世界各地的工程教育组织(EEO)、特殊利益组织、全球范围内的公司和行业(公共和私营)、专业工程组织和政府实体。其中,工程教育协会偏多。IFEES 关注女性群体、关注高等教育领域,对 k12、中小学的工程教育涉及较少。

IFEES 合作内容包括人才培养、科学研究等方面。第一,IFEES 与产业合作,涉及电气、计算机、土木工程、信息技术、在线教育、电子、情报、政府管理等领域。第二,IFEES 参与工科人才流动合作,如学生组织项目、建立质量框架标准体系、工程师的培养与就业等。第三,IFEES 涉及工程教育的合作,包括工科课程体系的创新、教学法创新、产业融合、国际化和本土化、学生实习就业方面的合作。

就 IFEES 现有的合作关系看,有以下三个明显的优势特点:

第一,拥有高质量的认证体系。IFEES 的质量合作伙伴 ABET(Accreditation Board for Engineering and Technology)是国际上著名的技术学科认证组织,所认证的学科包括自然科学、计算机、工程和工程技术等课程,学历包括专科、副学士、学士和硕士学位。ABET 是国际上公认的最具权威性和普遍性的认证体系,也是《华盛顿协议》(*Washington Accord*)的六个发起工程组织之一。它开展的各类专业鉴定是专业技术人员获得执业资格的权威渠道。美国超过 400 所高校参加过 ABET 认证,这其中包括所有的私立与公立常春藤学校。全球已有超过 550 所大学、2500 个学院参加过它的认证,其中包括卡内基梅隆大学、普林斯顿大学、新墨西哥州立大学、休斯敦大学、里海大学等知名高校。

第二,拥有较强的工程教育的学习支持。存在欧洲技术学生委员会(BEST)、建设可持续发展世界的工程师组织(ESW)、伊卡斯尔社会教育实体(ISEE)、学生工程教育促进与学习协会(SCALE)、欧洲土木工程学院协会(SPEED)等学生组织,学生可以通过该渠道将有关教育趋势和学习反馈传达给利益相关者。同时,通过学生组织有机会与政策制定者合作,讨论紧急的本地和全球教育,社会政治和经济问题,并在学习过程中向中心参与者发出声音。

第三,学术界与产业界共同参与。尽管学术界和公司环境代表着不同的制度文化和动力,但它们都追求相同的目标:知识创造和人类发展。公司尤其对工程师、技术专业人员感兴趣,他们将有效地互动为公司目标做出贡献,并建立研究/创新合作以促进科学技术发展。同时,工程教育者依靠企业的投入来制定课程趋势以及重要的研究项目。与企业的互动可以帮助教育工作者更好地了解需求和技术趋势,并使他们为满足这些需求做好准备。

(七) 小结

目前中国的工程教育在国际合作方面尚处在萌芽期。中国会员有中国工程教育协会,企业合作伙伴仅有华为。在领导管理人中,中国有尤政教授担任IFEES 的执行委员会一员,研究领域专注于 MEMS(微机电系统)的微系统、微纳卫星技术和微纳技术的测量与仪器研究。

值得注意的是中国工程事业的发展却具有较强的生命力。在这个特殊的发展时期,IFEES 于中国而言则是一把巨大的保护伞,由此可以开启更加广阔、平坦的国际化道路。它不仅可以通过规章制度保障中国国际合作的基本利益,拥有自己的决策空间,也可以依靠强大的全球合作网络促进中国的工程教育发展。

通过对本案例的研究,研究者认为中国未来的国际合作需要考虑以下三点:

第一,加入集合体并引领集合体的发展。IFEES 是一个集合体,任何一个会员代表人都具有平等的发言权和决策权。我们在接受 IFEES 的工程教育领导者的理念范式时,也需要发表中国的观点,积极引领区域乃至全球的工程教育改革与合作。

第二,摒弃单一的合作观,走向多层次、全方位的合作发展。与 IFEES 的工程教育合作,不仅是教育界,各大产业界、管理技术部门,乃至政府部门都可以积极参与合作,以此进行全新的工程教育理念渗透,迅速完成教育改革的周期更替。

第三,注重周边性合作。IFEES 中地方性组织的黏合度大于全球性组织。周边国家合作的信赖基础主要是经贸相互依赖与文化领域相近相通式的交流①,其合作阻力偏小。同时,中国的国际影响力也越来越大,加强"一带一路"工程教育建设有利于形成合力抵御来自以美国为代表的各种国际合作风险。

四、亚太工程组织联合会

(一) 组织简介

亚太工程组织联合会(Federation of Engineering Institutions of Asia and the Pacific, FEIAP)是一个国际性的非营利专业组织,其前身是 1978 年 7 月 6 日成立的东南亚及太平洋工程学会联合会(FEISEAP)。

1978 年 7 月 3 日,在联合国教科文组织的支持下,泰国工程学会在清迈组织召开了一次探索性的会议,提出成立 FEISEAP 的倡议。作为东南亚和太平洋地区工程机构的一个独立的伞式组织,该协会的目标是鼓励将技术进步应用于世界各地的经济和社会进步;促进工程作为一种符合所有人利益的职业;促进世界各地的和平。联合会本身是世界工程组织联合会(WFEO)的国际成员,与 WFEO 在世界范围内追求的发展目标相一致。

成立后,联合会每两年召开一次成员大会,对章程进行了数次修订。2007年 11 月 26 日在菲律宾宿务召开的第 14 届 FEISEAP 全体大会上对联合会的可持续发展进行了研讨。与会成员一致同意,联合会应继续修订章程以更准确地与其宗旨相契合,同时应扩大会员规模以吸纳更大范围的经济体加入联合会。

这一版本的章程是经全体成员进行审查和协商的结果。2008 年 6 月 2 日在越南河内举行的联合会特别大会一致通过了该决议草案。新章程提出东南亚及太平洋工程学会联合会(FEISEAP)改为亚太工程组织联合会(FEIAP)。

---

① 王俊生.整体性合作理论与中国周边合作[J].中共中央党校(国家行政学院)学报,2020(1).

为提高国际地位,FEIAP 在不断的发展中进一步修订了章程,以吸纳认同 FEIAP 宗旨的亚洲和太平洋地区以外的成员及区域成员加入联合会。FEIAP 同时允许与联合会具有共同利益的经济体成员推荐同一经济体内的专业机构成为联合会的联系会员,享有参加联合会所有活动的权利。

FEIAP 的宗旨:促进成员之间的合作和信息交流;促进区域内不同经济体之间工程组织成员之间的交流;鼓励和促进区域内工程组织活动的形成;支持举办区域利益相关的会议、研讨会和代表大会;对教育、继续职业发展、工程师资格认证等议题进行研究;与国际、区域、政府和非政府组织合作,鼓励区域内工程师为这些组织的活动做出贡献。

FEIAP 的作用:形成一套适用于经济体成员需求的认证体系模式框架;提供辅导和援助;为经济体成员提供关于评价评估的教育活动;为经济体成员提供关于认证机构评价评估流程的教育活动;为当地高校和经济体成员的评审专家提供培训和指导。

FEIAP 的目标:帮助经济体成员提高竞争力,培养能够满足全球发展需要的工程师;帮助经济体成员内的高校发展达到国际标准;为经济体成员提供培训和指导已达到相应标准。

愿景:成为亚太地区首要的专业组织。

使命:FEIAP 应促进健全的工程实践,以支持亚洲及太平洋国家的社会经济发展目标。

功能:促进亚洲及太平洋各成员组织之间与工程有关的信息和意见的交流,并在其任何或所有工程和学科分支促进工程专业的科学发展。

核心价值:在工程实践中有一个促进可持续发展概念和应用的网络。

表 4-3　FEISEAP 的里程碑事件

时间	里程碑事件
1998 年 9 月	FEISEAP 的章程审核并通过
2007 年 11 月 26 日	第 14 届 FEISEAP 大会在菲律宾滨海宿务酒店举行 1. 批准雅加达宣言 2. IES 被任命为 2 年的主席 3. IEM 任命常设秘书处

续表

时间	里程碑事件
2007 年 11 月 27 日	菲律宾滨海宿务酒店举行的 FEISEAP 行政会议 1. 审查 FEISEAP 章程 2. 其他亚太国家提议将 FEISEAP 重新命名为 FEIAP
2008 年 6 月 2 日	第 15 届 FEISEAP 大会在越南河内西湖的 Thang Loi 酒店通过了 FEIAP 章程 1. FEISEAP 改名为 FEIAP 2. 成员组织向成员经济体系转变 3. 议定的服务期限为 2 年,连续的服务期限不应超过 4 年 4. IEM 任命常设秘书处,自 2008 年起为期 5 年 5. 标志被接受,由 EA 设计 6. 服务费为 800 美元,从 2008 年开始支付 400 美元 7. 两个工作组设置:环境工作组和亚洲工程教育认证工作组

（二）组织结构

FEIAP 的组织架构由成员、大会、执行委员会、秘书处、工作组、常务委员会组成。亚太工程组织联合会的最高理事机构是大会,在大会闭会期间,联合会的事务由执行委员会按照大会规定的政策管理。

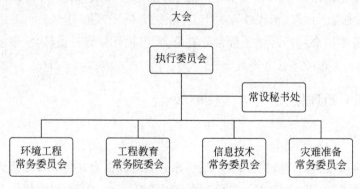

图 4-10　亚太工程组织联合会组织架构图

来源:ICEE 整理绘制

成员由大成员、区域成员和准成员组成。目前,FEIAP 的正式会员有 27 个,包括:澳大利亚工程师学会(EA)、中国科学技术协会(CAST)、中国香港工程师学会(HKIE)、印度尼西亚工程师学会(PII)、日本专业工程师协会(IPEJ)、韩国专业工程师学会(KPEA)、马来西亚工程师学会(IEM)、巴布亚新几内亚工程师学会(IEPNG)、菲律宾技术委员会(PTC)、泰国工程学会(EIT)、毛里求斯工程师学会(IEM)、新加坡工程师学会(IES)、中国台北中华工程师学会(CIE)、缅甸工程理事会(MEngC)、印度工程师学会(IEI)、孟加拉国工程师学会(IEB)、巴基斯坦工程理事会(PEC)、秘鲁工程师学院(CIP)、东帝汶全国工程师协会(ANETL)、美国工程师学会联合会(AAES)、斯里兰卡工程师学会(IE Sri Lanka)、尼日利亚工程监管事会(COREN)、荷兰皇家工程师学会(KIVI)、尼泊尔工程师协会(NEA)、卢旺达工程师学会(IER)、伊拉克工程师联盟(IEU)和柬埔寨工程师委员会(BEC)。联系会员有2个,分别是缅甸工程学会联合会(Fed. MES)和马来西亚技术委员会(TAM)。

大会应由提名的成员代表、最近的前任主席、主席、一名副主席和秘书长组成。如果代表成员不能出席大会,可向大会另一成员提供书面委托书。

执行委员会应向大会负责,其成员应包括:主席、副主席、秘书长、上一任主席和6名不担任其他行政职务的一般成员的代表。副主席、前主席及成员代表应来自FEIAP不同的成员经济体。FEIAP的主席将担任执行委员会主席。干事应任职至其当选两年后的大会常会结束为止。如主席不能完成其任期,经总代表批准,由副主席担任剩余的两年任期及以后的两年任期。

工作组包括青年人才发展工作组、自然灾害支援工作组、工程伦理工作组、环境工程工作组、工程教育工作组、信息技术工作组。

常务委员会包括环境工程常务委员会、工程教育常务委员会、信息技术常务委员会、灾难准备常务委员会。

(三) 治理模式

1. 成员

大会可根据执行委员会的建议,任命一名对联合会的目标做出重大贡献的人为名誉成员。因此,名誉成员并不会获得任何权利,亦不会强加任何义务。

符合资格成为成员的,是亚洲及西太平洋地区经济体系的专业工程组织,根据各有关经济体系的标准,代表具有高专业能力的工程师。**联合会应从每个经济体中选出一名成员。**在这个经济体系中,该成员通常是专业工程师的主要机构或协会。如果在一个经济体中有几个平等地位的组织,则只能接纳代表这些组织的一个机构为成员。

为了联合会的利益,大会也可接受来自亚洲及太平洋地区以外、对支持亚太经济合作委员会的目标感兴趣的成员和区域成员。

2. 大会

在大会任何会议上,每一成员只享有一票。名誉会员及准会员无权投票。执行委员会的每一名成员均无表决权,除非在被授权代表某名成员投票的情况下。在大会会议上,除本章程规定的其他方面以外,应以出席会议的成员多数票做出决定。

大会应每年举行一次常会。常会的地点应尽可能轮换。大会应由执行委员会召集。执行委员会在认为有必要召开大会特别会议时,可酌情召开一次大会特别会议。会议可以面对面、电话或电子方式进行。

3. 执行委员会

大会可在下次会议上任命一名新的副主席。在其他情况下,如某一成员的代表不再能够有效地为执行委员会服务,有关成员可建议一个替代人选,供执行委员会审议和接受。执行委员会应向所有成员提交副主席和执行委员会其他成员的提名,最好在提名前三个月提交。秘书长应为提名做出充分和适当的安排。执行委员会会议的决定应由出席会议的成员以多数票通过。秘书长无表决权。出席会议的执行委员会成员各有一票,如票数相等,主席应投决定性一票。执行委员会半数或半数以上有投票权的成员构成法定人数。如果执行委员会成员不能出席会议,他/她可以由执行委员会的另一名代表作为代理人。

执行委员会必要时应在大会每次常会期间举行会议。执行委员会的事务可通过电话或电子方式进行,但不能进行面对面的会议。副主席、秘书长、工作组主席、常务委员会主席临时出缺,由理事会决定补缺。

4. 秘书处

在任期结束时,秘书长应毫不迟延地将属于联合会的所有文件、记录、账目等交给即将上任的秘书长。

5. 工作组

大会或执行委员会可任命工作组。工作组通常将有一项或多项具体任务和在其创建时规定的期限。工作组的期限通常不会在工作组任命后延长到大会以外,大会或执行委员会应根据工作组的设立情况任命各工作组的主席和成员。

每个工作组的活动方案应根据工作组的创建情况由执行委员会或大会批准。

6. 常务委员会

在特殊情况下,如果一项特定任务具有连续性或预期期限比工作组的正常期限更长,则大会或执行委员会可以任命一个常务委员会。常务委员会通常将负责一项或多项具体任务。执行委员会或大会应根据常务委员会的成立情况,定期(不低于每两年一次)对每个常务委员会的持续需求进行审查。

大会或执行委员会应根据常务委员会的成立任命主席和委员。常务委员会的秘书处应由主席主持。常务委员会委员的任期至任命后两年的大会常会结束为止。如果经执行委员会或大会根据常务委员会的认可,可将常任委员会主席和委员的任期从其初始任期起延期两年,以达到最符合 FEIAP 的利益。如果常务委员会主席无法完成任期,大会或执行委员会应根据常务委员会的成立情况任命新的主席。如果成员代表不再能够有效地服务于常务委员会,则有关成员可以建议更换成员,以供执行委员会审议和接受。

每个常务委员会的活动计划应由执行委员会或大会根据常务委员会的设立而批准。

7. 其他

章程的施行与变更。本章程经其批准后即生效,并由此成立 FEIAP 大会。除非大会全体成员以 2/3 多数通过,并由出席会议的代表或代理人投票,否则不得对本宪法进行任何修改。

解散 FEIAP。为之召开成员大会,经全体成员 2/3 多数通过,并经出席或委派代表表决,得以解散 FEIAP。如因任何原因解散 FEIAP,大会应指定一名清算人,并应确定清算人的权力以及(如有需要)报酬,并应指定接收或接收 FEIAP 剩余款项的人。

(四) 伙伴关系

FEIAP 合作伙伴包括国际组织、区域组织、政府、企业、大学机构等。例如,联合国教科文组织(UNESCO)、联合国教科文组织南南合作国际科技创新中心(ISTIC)、全球科学院网络(IAP)、东盟工程组织联合会(AFEO)、世界工程组织联合会(WFEO)、亚洲太平洋地区的学生联盟(APSC)、马来西亚科学技术创新部(MOSTI)、马来西亚国际贸易与工业部(MITI)、马来西亚数字经济发展机构(MDEC)、东盟工程与技术科学院(AAET)、中国西北工业大学(NPU)等。

(五) 交流载体

亚太工程组织联合会(FEIAP)每年举行一次全体大会(从 2011 年开始,每两年举行一次国际学术研讨会,与当年的全体大会同时举办),每年举行一次执行委员会。

作为亚太工程组织联合会(FEIAP)的重要合作伙伴,东盟工程组织联合会(AFEO)与亚太工程组织联合会合作召开了多次会议,探讨工程与工程教育发展的问题。

(1) 第33届东盟工程组织会议(AFEO)和第7届 FEIAP 执行委员会会议①

第33届东盟工程组织联合会议题是"从光到字节——东盟工程发展未来

---

① 东盟工程组织联合会(AFEO)的成立有一段历史了,其组织架构图如图 4-13 所示。1973 年,马来西亚工程师协会(IEM)和新加坡工程师学会(IES)之间举行了工程会议。举行 IEM/IES 工程公约的主要目的是,鉴于其成员的共同历史背景和地理相似之处,促进其成员之间的互动和融洽。1976 年,在筹备第三次 IEM/IES 公约时,决定邀请所有其他东盟国家参加。1977 年 4 月举行的"确保第三次 IEM/IES 工程公约"吸引了除文莱以外的其他东盟工程机构的与会者。这就产生了"东南亚国家工程机构公约"(CEISEAN),并由此通过了"十点原则"。第一届 CEISEAN 于 1978 年在吉隆坡举行,第二届 CEISEAN 于 1979 年在马尼拉举行。

1980 年 2 月在马尼拉举行的第二届中欧会议期间,就成立东盟工程组织联合会达成了一项协议,并起草了该联合会的章程。在 1981 年 4 月举行的第三届中欧会议上,通过了"AFEO 会议指导原则"(CAFEO)。向东盟秘书处提出的申请获得批准,随后于 1982 年在印度尼西亚举行的第四届中欧会议改名为 CAFEO,正式成立的日期为 1982 年 8 月 1 日。从那时起,CAFEO 每年以字母顺序在不同的成员机构举行。

AFEO 从 1980 年的 5 名成员增加到 2001 年的 9 名成员,其中 1980 年时的成员有印度尼西亚工程师协会(PII)、马来西亚工程师学会(IEM)、菲律宾技术理事会(PTC)、新加坡工程师学会(IES)和泰国工程学会(PIT),文莱勘测、工程师和建筑师组织(PUJA)1984 年加入,越南科学技术协会联合会(VUSTA)、缅甸工程学会(MES)2000 年加入,柬埔寨工程学会 2001 年加入。老挝人民民主共和国于 2002 年 9 月 3 日加入。

从 1998 年起,东盟自由贸易区开始了一项非常重要的任务,其目的是在东盟自由贸易区内率先推动和促进工程师的流动。这符合东盟自由贸易区的东盟专业服务自由化方案,为世界贸易组织(世贸组织)倡议下的全球化做准备。

的挑战",子主题分为城市发展中的综合公共交通系统,电机、电子机械、信息与通信技术工程,可持续基础设施设计的工程与技术,化学与环境工程发展,发展中国家的工程教育和妇女工程。

自 1982 年以来,东盟工程组织联合会(CAFEO)每年举行一次,由文莱、印度尼西亚、马来西亚、新加坡、菲律宾、泰国、柬埔寨、越南、老挝和缅甸等 10 个东盟成员国主办。会议还吸引了美国、日本、韩国、澳大利亚、中国、印度、德国和英国的工程组织、世界工程组织联合会(WFEO)和东盟工程技术学会(AAET)的参与。第 7 届 FEIAP 执行委员会议于 2015 年 11 月 25 日举行。

(2) 第 36 届东盟工程组织会议(CAFEO)和第 10 届 FEIAP 执行委员会会议

2018 年 11 月 12 日至 14 日,CAFEO 36 包括与 SMRT Corporation 合办"新加坡铁路技术会议(SRTC)",以及与新加坡科技设计大学合办的"东盟工程学院院长峰会(AEDS)"在新加坡圣淘沙举办。会议为期两天,内容包括主题演讲、案例研究报告、小组讨论和问答,演讲将集中于这些领域的经验、挑战和机遇。第 10 届 FEIAP 执行委员会也在此期间举行。

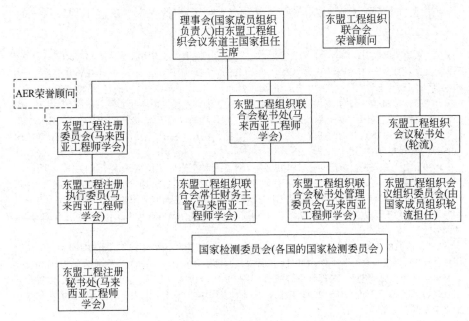

图 4-11　东盟工程组织联合会(AFEO)组织架构图

来源:ICEE 整理绘制

（3）论坛——工程教育区域认证、工程师资格与流动

该研讨会由联合国教科文组织（UNESCO）、联合国教科文组织南南合作国际科技创新中心（ISTIC）和亚太工程组织联合会（FEIAP）联合主办。

主要结论如下：

第一，FEIAP 工程教育指导方针是全面和适用的指导方针，可被所有经济体采用，分为两个阶段：

阶段 1：具备适合国家建设的毕业生能力。其目标是每个国家都可以选择适合自己的工程专业毕业生，而不是遵循其他排他性的、适合所有人的标准。

阶段 2：实现研究生的能力。以最佳国际惯例和标准为基准，例如，华盛顿协议、EANEE（EUR-ACE）。按照第二阶段的要求，这些经济体的工程毕业生将与世界上最好的毕业生在标准上平等。这将提高工程师的流动性。

第二，联合国教科文组织支持了该委员会的工程教育指导方针，并敦促南南国家和亚太国家采用该委员会的工程教育指导方针以促进本国经济的发展。

（六）效果评价

1. 治理结构

（1）成员资格

各成员组织的年费数额应由大会决定。财政年度为每年的 1 月 1 日—12 月 31 日。任何财政年度成员的年费应不迟于该年度 1 月 31 日支付。未按照规定完成其年度会费义务的成员，不得享有成员的权利和特权。成员未依规定被开除，或未依规定完成其年度应缴会费之义务，在每年 1 月 31 日前缴付历年会费和本年 1 月 31 日前缴付本年会费后，可恢复其正式会员地位。如有任何成员辞职或终止其会员资格，该成员应负责支付其本财政年度的会费，且不得要求 FEIAP 或其任何部分的款项。

（2）决策制度

决策程序科学、民主。在大会任何会议上，每一成员只享有一票。一般情况下，会议应以出席会议的成员多数票做出决定。

治理程序完善。大会可在下次会议上任命一名新的副主席；大会或执行

委员会可任命常务委员会和工作组;大会或执行委员会应根据常务委员会的成立,任命主席和委员。

2. 运行模式

第一,其国际教育组织合作模式是:与其他教育国际组织保持密切合作关系,主要表现在共同组织国际会议,共同制定未来国际会议/论坛/研讨会纲要,互派专家学者访问交流等。

第二,其与成员国互动模式是:截至 2019 年,亚太工程组织联合会(FEIAP)共举行了 27 次全体成员大会、5 次国际学术研讨会和 11 次执委会议,以及一些国际研讨和论坛。在一次次的会议中,成员之间不断进行交流与合作,推动亚太地区工程教育的发展。

3. 伙伴关系

亚太工程组织联合会(FEIAP)与其他组织、国家政府部门和产学研方都建立了伙伴关系,目前国家政府部门主要集中在马来西亚。与伙伴关系的互动通常发生在 FEIAP 举办活动和参加活动时。FEIAP 应在马来西亚各部门合作方的基础上,继续建立新的深厚的伙伴关系,尤其是与其他国家的政府与非政府部门、高校科研机构以及跨国公司。

4. 平台载体的特点

开放。亚太工程组织联合会(FEIAP)对世界开放,接受来自亚洲及太平洋地区以外、对支持亚太经济合作委员会的目标感兴趣的成员和区域成员。

共享。会议信息、专家演讲等在官网共享,可随时下载,共同推动工程教育的国际合作等。

5. 中国在 FEIAP 的任职情况

2015 年 7 月 7 日在中国台北举行的亚太工程学会联合会(FEIAP)第 3 届学术会议和第 23 次全体会议上,刘西拉被推选为亚太工程组织联合会(FEIAP)副主席。这是中国首次在联合会中任要职,为中国人就任下届 FEIAP 主席奠定稳固的基础。在此次会议上,刘西拉分别做了题为"填补发展中国家与发达国家的沟壑"和"防止恐怖袭击的结构鲁棒性设计"的两个学术报告,受到与会专家学者的普遍欢迎①。

应亚太工程组织联合会(FEIAP)的邀请,西北工业大学常务副校长黄维院士参加了 2017 年 11 月 17—18 日在泰国曼谷举行的东盟工程组织联合会第 35 届大会,并正式当选为亚太工程组织联合会(FEIAP)副主席②。

2019 年 6 月 30 日在中国西安举行的亚太工程组织联合会(FEIAP)第 5 届学术会议和第 27 次全体会议上,黄维院士正式履新亚太工程学会联合会主席一职,这是国际重要学术型组织首次在中国大陆地区举行主席履职仪式,表明我国工程领域发展已初步融入国际工程领域发展进程,工程教育水平已获国际认可③。

(七) 小结

亚太工程组织联合会(FEIAP)成立四十多年来,已经形成较为完善的章程和广泛的伙伴关系,在会员所在国有一定的影响力。为促进我国的工程教育发展,我们要加强与 FEIAP 的联系,充分借助 FEIAP 在亚太地区的合作网络,不断发展良好的伙伴合作关系。企业、产业、行业、学会都要积极走出国门,利用跨国公司和国外大学和研究机构提高我国工程教育国际组织的知名度,不断扩大开放度,吸引更多的成员加入。同时,结合时代和社会的需求,做好年度会议和研讨会的规划,积极开展和参加国际化活动,邀请国内外专家学者做交流,不断增进联系,吸收优质资源,共同进步。借助国际组织的平台,与"一带一路"沿线城市建立合作机制,教育带动国际经济、社会、文化、政治的联系,提升中国的影响力。

五、世界工程组织联合会

(一) 组织简介

世界工程组织联合会(WFEO)是工程领域的最高典范机构,代表近 100 个

---

① 上海交通大学船舶海洋与建筑工程学院. 船建学院教授刘西拉当选亚洲与太平洋地区工程学会联合会(FEIAP)副主席[EB/OL]. (2015-07-15)[2020-07-18]. https://www. sogou. com/link? url = 6IqLFeTuIyjj51TidoJpmR9lalv_7ure9rKLupzNCs1fxdj-23YXZCHmfGkNvdZG.

② 西北工业大学. 常务副校长黄维当选亚太地区工程组织联合会(FEIAP)副主席[EB/OL]. (2017-11-21)[2020-07-18]. https://news. nwpu. edu. cn/info/1002/52184. htm.

③ 西北工业大学. 我校承办 FEIAP 第 27 届全体大会暨第 5 届国际学术研讨会黄维院士履新主席一职[EB/OL]. (2019-07-01)[2020-07-18]. http://guoji. nwpu. edu. cn/info/1283/7642. htm.

国家和 3000 万工程师,体现工程领域国际水平。世界工程组织联合会与国家和其他国际专业机构合作,成为开发和应用工程建设解决国际和国家问题,造福人类的工程专业领导者。鼓励其所有国家和国际成员提出具有前瞻性和可行性的方案,为建立可持续、公平、和平的世界做出贡献。就公众或业界关注的事项,向工程专业人士提供资讯及指导。服务社会,在有关工程、技术、人类和自然环境有关的政策等相关事项方面,提供咨询和指导的来源。为世界提供工程方面的资料,并促进其成员国之间的交流。应用技术,促进世界各国之间的和平、社会经济安全及可持续发展。通过增加工程方面交流,促进政府、企业和相关组织之间的关系。

该组织的使命是:为国际工程专业代表,提供该专业的集体智慧和指导,协助国家机构选择合适的政策抉择,解决影响世界各国的关键性问题。向世界各国提供有关工程的资料,并促进其成员国之间就世界上主要工程活动的最佳方案进行交流。应用技术,促进世界各国之间的社会经济安全、可持续发展、减少贫困。服务社会,在有关工程、技术、人类和自然环境有关的政策等相关事项方面,提供咨询和指导的来源。与开发银行等融资机构合作,鼓励包括工程范畴在内的公营部门与私营机构合作。解决公共政策问题。

(二) 组织结构

1. 执行董事(Executive Board)

- 成员:主席(President)
- 当选主席(President-Elect)
- 前任主席(Past President)
- 行政副主席(Executive Vice President)

2. 主管

- 财务主管(Treasurer)
- 行政主管(Executive Director)

3. 专业技术部门

- 灾害风险管理部(Disaster Risk Management)

- 能源部（Energy）
- 工程与环境部（Engineering and the Environment）
- 创新技术工程部（Engineering for Innovative Technologies）
- 信息与通信部（Information & Communication）
- 工程教育（Education in Engineering）
- 工程能力建设（Engineering Capacity Building）

4. 政策推广部门

- 反腐（Anti-Corruption）
- 妇女工程委员会（Women in Engineering）
- 青年工程师/未来领导人（Young Engineers/Future Leaders）

（三）治理模式

世界工程组织联合会包括各类会员，会员大会为该联合会的管理机构。在会员大会休会期，联合会的各项事务则由执行委员会管理。执行理事会负责处理联合会的日常工作，执行理事提供相关支持。

该联合会的会员包括有表决权的国家会员、国际会员和附属会员，无表决权的通信会员、准会员和技术性会员。国家会员是指全国性专业工程组织或某一国家的组织联盟或协会，该联盟或协会根据该国的国家标准应被认定为最能代表具有相关技术能力的单位。国际会员是指由多个国家的专业工程机构为了地区利益或其他国际利益组成的，证明其能够承担持续活动的联盟或协会。附属会员是指一个指定地理区域内的一个或多个专业工程组织，该类组织根据该指定地理区域的标准应被认定为最能代表具有相关技术能力的单位。通信会员是指不能作为国家会员完全参与，但希望用通信的方式参与联合会活动的全国性专业工程组织。准会员是指为了支持联合会的工作和定期接收联合会的活动信息而登记为准会员的工程组织、法人团体或个人。技术会员是指致力于某一特定工程区域活动的国际性非政府专业组织。

作为该联合会的管理机构，会员大会由信誉良好的会员代表组成。会员大会的主要职责有：确定联合会的政策；选举执行委员会成员和国家会员；根据执行委员会的建议，批准由会员缴纳的年度会费；根据国家会员（东道国）的提议，成立常设技术委员会（STC），选举东道国，批准东道国提名的常设技委员会主席(级别为副主席),以及根据执行委员会的建议,撤销常设技术委员会;根据执行委员会的建议,确立和设定职权范围,以及撤销任何委员会或理事会;审查和批准或修改执行委员会、执行理事会和执行理事自会员大会上一次常规会议之后做出的决定;以及审查联合会的任何活动等。

世界工程组织联合会执行委员会由以下有表决权的会员组成:主席、候任主席、前任主席、两位执行副主席、财务主管;八位国家会员;所有副主席,包括常设技术委员会主席以及六位国际会员。此外,执行委员会还包括无表决权的会员:财务副主管、执行理事以及其他委员会主席。执行委员会每年至少召开一次会议,主要的权利与义务有:批准联合会两年一次的预算(显示收入和支出),并向会员大会报告;在会员大会常规会议召开前至少四个月,将信誉良好的有表决权的会员提交的关于候任主席、执行副主席、执行委员会国家会员等职位的入围名单以及执行理事会提名的财务主管的候选人名单提交给所有会员;接收财务主管和审计人员的报告,并向会员大会报告;根据执行理事会的建议,确立和设定职权范围,以及撤销任何特别工作组或工作小组;审查和批准或修改执行理事会和执行理事自执行委员会上次常规会议之后做出的决定。

1. 议事规则

世界工程组织联合会(WFEO)的《议事规则》由行政委员会运行维持,可由大会修改,但应始终遵循《世界工程组织联合会章程》的规定。《议事规则》为会议讨论及会议决策提供了一个结构准则,旨在协助会议按照议程中的规定有序进行。日常事务的制定议程程序记载于《世界工程组织联合会章程》及《议事规则》上。除了一些日常事务、未完成事务及上次会议中产生的事务被提出,会议前的事项都是随着动议过程进行的。

2. 大会

大会通常在每两年(奇数年)的9—11月举行一次会议,由与WFEO组织签订合同的国家成员组织主持。

3. 行政委员会

行政委员会每年在大会之间每届大会召开前后举行一次会议。

行政委员会成员需遵循《世界工程组织联合会章程》第 6A 条规定。

行政委员会的职能在《世界工程组织联合会章程》第 4 条和第 6F 条中有相关说明。

行政委员会的国家和国际成员代表应积极参加行政会议及其委员会的工作,以确保 WFEO 的有效执行与运作。

4. 执行委员会

执行委员会应在行政委员会会议间会面并召开会议,可应主席或至少三位有表决权的理事会成员要求,以电子方式进行。

5. 工作语言

英语是 WFEO 的工作语言。会议主持人可免费安排翻译成一种或多种其他语言,各代表也可使用另一种语言发言讲话,并免费提供英文翻译。

6. 表决投票

投票通常以举手方式进行。

记名投票将在主席或至少五名组织成员要求的情况下进行。当进行记名投票时,每位代表的投票应记录在会议纪要中。

在选举行政官员或委员会成员时,需要在至少五名组织成员的要求下进行匿名投票。

如果选出的代表因健康状况或其他原因无法执行任期:

(1) 若为主席,则根据《世界工程组织联合会章程》第 6B 条规定,主席候选人将填补该空位。

(2) 若为当选主席,在下次大会时将选举新任主席。

(3) 若涉及一名国家成员代表,该职位将一直空缺直至下届大会召开。

7. 财务管理

联合会的所有账目和资金将由独立审计员在本财政年度结束后六个月内进行审计。

联合会的年度预算应由组织财务主管在与财务委员会和行政董事协商后进行编制,行政委员会建议后并经大会批准。

授权委托的经费支出将在核定预算范围内进行,由主席以具体的两年期文件提供给行政主管。本文件需将行政主管经征求行政董事批准后的最高数额列明。

资金的支出需经执行委员会同意并按照财务主管制定的程序进行。经授权成员须详细说明所有经批准的资金,其中包括所有重大支出的收据,并在本财政年度末 3 个月之内上交给行政主管。

8. 主办会议

联合会成员向行政主管就主持会议提议:执行理事会或大会的会议遵循附件 A 的要求;世界工程师公约(WEC)和世界代表大会按照附件 B 的要求举行大会、工作组、研讨会和会议。执行理事应向理事会提出建议,供其做出决议,这些决议应在理事会做出决定后 6 个月内订立适当的合同安排。

9. WFEO 名称和标志

只有在执行委员会批准的情况下,才能使用 WFEO 的名称和徽标。

(四) 伙伴关系

世界工程组织联合会由联合国教育科学和文化组织(以下简称"教科文组织")赞助成立,自成立以来一直与教科文组织密切和持续合作,并参与制定、实施联合会相关计划,同时扩大教科文组织主管领域的联合活动。世界工程组织联合会与联合国及其他国际组织和社会团体积极开展双边与多边合作。WFEO 与联合国建立了联合国-WFEO-联合国关系委员会(WURC),这是 WFEO 常设技术委员会与联合国 17 个可持续发展目标(SDGs)的活动焦点,重点是关注可持续发展、气候变化、环境问题和降低灾害风险,将工程贡献放在国际应用最前沿。

WFEO 就经济发展、社会安全、工业发展、能源开发利用、气象监测等多个领域的发展,与联合国经济及社会理事会、国际原子能机构、联合国工业发展组织、世界能源理事会、世界气象组织等联合国组织开展交流合作。WFEO 通过其全球的专业协会和会员,协助联合国机构分析可持续发展提案的技术、经济和环境可行性,以及实施最佳实践以实现可持续发展目标。WFEO 联合国关系委员会(WURC)是 WFEO 与联合国不同机构的接口。该委员会的活动集中于联合国举措的特定领域,这些领域对 WFEO 至关重要,并且与可持续发展问题有关。更具体地说,它负责在联合国持续发展委员会(UNCSD)、联合国气候变化框架公约(UNFCCC)、联合国教科文组织(UNESCO)和联合国国际减灾战略(UNISDR)内开展的活动和计划,包括与里约 20 会议有关的活动和计划。WURC 主席是 WFEO 与 UNCSD 和联合国经济及社会理事会(ECOSOC)的联络人,并领导 WFEO 在参加这些联合国机构的科学技术共同体主要小组中的代表。

2018 年 3 月,世界工程组织联合会在 50 周年庆典期间,与多个教育类机构签署合作协议,例如,旨在提高工程教育的标准和能力建设的国际工程教育中心,位于北京清华大学的联合国教科文组织第二类中心;国际科技创新中心,促进南南在工程教育方面的合作;国际工程教育学会联合会,提高全球工程教育和能力建设的标准,并利用成员的集体优势,以改善全球的工程教育;国际咨询工程师联合会,推广和实施咨询工程行业的战略目标,并向其成员传播的信息和资源;国际女工程师和科学家网络。

(五) 交流载体

1. 设立世界工程日

WFEO 领导宣布 3 月 4 日为世界可持续发展工程日的提议,联合国教科文组织第四十届大会上通过了此项决议。此节日以庆祝工程师和工程学,以及该专业对可持续发展和现代生活的重要贡献。

2. 利用出版物

WFEO-WGIC-UNGGIM 白皮书:《地理空间工程的可持续发展》世界地理空间理事会(WGIC)题为"白皮书:高复原力的基础设施-地理空间和 BIM"的报告将于 6 月 9 日网络研讨会期间宣布。白皮书由联合国全球地理空间信息管理专家委员会(UN-GGIM)、WFEO 和 WGIC 编写,提供了有关综合地理空间和建筑信息模型(BIM)解决方案的有价值的见解和数据,推进联合国可持续发展目标(《2030 年议程》),特别关注韧性基础设施。除了满足韧性基础设施,它还解决了采用集成地理空间和 BIM 解决方案方面的挑战。此外,它还为读者提供了对全球基础设施投资的评估,并概述了具有韧性的基础设施的地理空间和 BIM 技术生态系统。BIM 解决方案的另外两个例子是减轻自然灾害、减少强烈天气系统造成的破坏。

(六) 效果评价

WFEO 鼓励所有国家和国际成员通过国际视角和促进机制,为建立一个可持续、公平与和平的世界的全球努力做出贡献:就公众或专业人士所关注的问题,向工程专业人士提供资料和领导;为社会服务,并被国家和国际组织和公众认可;在工程和技术与人类和自然环境有关的政策、利益和问题上提供宝贵意见和指导;向世界各国提供工程方面的信息,并促进成员国之间的交流;通过技术的合理应用,促进世界各国的和平、社会经济安全和可持续发展。

中国科学家龚克就任 WFEO 主席,是世界各国对中国工程科技进步、能力、贡献的高度认可和未来发展的期待。中国科技者在国际工程组织任职,大大提升了中国在工程科技界的国际影响力,让中国有机会更多地参与全球科技治理体系,能够为世界工程科技贡献中国智慧和中国力量。同时,也能促进各国的交流互鉴与合作,共同推进联合国可持续发展目标。

通过在政策和投资讨论中增加工程方面的内容,促进政府、商界和人民之间的关系。WFEO 服务于社会,被公认为是对与工程技术有关的政策和利益提供值得尊敬和关切的宝贵的咨询和指导来源。WFEO 积极构建与工业界、产业界的联系,深入开展同相关科技工程组织的合作,加强在人工智能、大数据、物联网、生物工程、新材料、先进制造等领域的投入,积极融入新一轮工业革命进程中。同时,WFEO 进一步加强了与联合国及其下属机构的合作,通过工程推进实现联合国可持续发展目标。

(七) 小结

WFEO 在联合国教科文组织的主持下在巴黎成立,作为世界上最大的工程类国际组织,WFEO 成员覆盖了 100 多个国家和地区,以及 11 个相关领域的国际工程组织,代表了来自世界各地的 3000 多万名工程师,是一个代表全世界工程领域的国际非政府组织,是代表世界各级各类工程专业和学科的唯一机构,是一个讨论和解决工程相关问题的国际平台,在国际工程领域具有广泛影响力。

在 2019 年的新冠疫情中,WFEO 号召全球工程界紧急行动,全世界工程师和技术人员团结起来,在基础设施建设、生物医学工程、人工智能等领域中做出巨大贡献。与此同时,世界工程组织联合会提出了合作的特别声明,工程师之间、不同领域工程师之间,以及工程师、科学家、医护人员、社会工作者、政府管理人员乃至社会各个方面的不同人员之间要相互合作,共同应对新冠肺炎病毒对全人类的挑战,努力致力于实现人类社会可持续发展,致力于为全人类的幸福做出贡献。

第五章　国际工程教育合作与人才流动

工程师的国际流动属于科技人才流动,是国际人才或者劳动力流动的一种。国际劳动力流动是指劳动力在国与国之间的迁移,部分涉及劳动力国籍身份的改变,这种改变可以是永久性的(如移民),也可以是短暂的(称作临时劳动力流动)。工程师的国际流动包括工科留学生的流动、工程师的职业流动、工程技术员等不同类别不同层次的人员流动。

一、基于工程科技人才国际流动的全球胜任力

由于各个国家和地区的教育制度、教育政策、教育组织形式、人才培养模式、经济社会文化背景等具有较大的差异。为了实现工程师的国际流动,工程科技人才的通用质量标准就变得尤为重要。在这些通用质量标准中,除工程技术专业能力以外,跨文化交流、组织协调、团队合作、环境保护、道德水平、社会责任感等全球胜任力素养要求对更好地实现工程师的国际流动具有重要价值。

(一)经济合作与发展组织(OECD)将全球胜任力(Global Competence)定义为:从多个角度批判地分析全球和跨文化议题的能力;理解差异是如何影响观念、判断,以及对自我和他人的认知能力;在尊重人类基础上,与不同背景的人进行开放、合适有效的互动合作能力。美国里海大学的威廉姆·亨特(William D. Hunter)2004年提出了一套"全球胜任力"指标模型,包括全球知识能力、技能与经验、态度和价值观3个维度的17个指标[①]。

[①]　Bill Hunter, George P. White, Galen C. Godbey. What Does It Mean to Be Globally Competent? [J]. Journal of Studies in International Education,2006(10):267-285.

1. 维度一：全球知识能力

a. 理解本土文化规范与期望

b. 理解跨文化规范与期望

c. 理解"全球化"的内涵

d. 具有关于当今世界性事件的知识

e. 具有关于世界历史的知识

f. 具有世界地理和社会文化背景知识

2. 维度二：全球技能与经验

a. 具备与其他文化传统的人合作开展项目导向的学术或职业经历的成功经验

b. 有能力评估社会与商业情景下的跨文化表现

c. 有能力在自身之外的文化中生活

d. 有能力辨识文化差异

e. 有能力参与世界上任何地方的商务与社会情境事务

3. 维度三：全球态度和价值观

a. 认识到自己的世界观不是普遍适用的

b. 愿意走出自己的生活经验与文化圈，作为异乡人来体验生活

c. 对新鲜事物保持开放的心态

d. 有意愿追求跨文化学习与个人发展

e. 没有偏见地对待文化差异，能够拥抱并欣赏多样性

2017 年 12 月，OECD 针对全球胜任力提出了新的维度，共有 4 个方面：一是能分析在地区、全球和文化上有重要意义的问题及局势；二是能理解并欣赏不同的看法和世界观；三是能与不同性别，来自不同国家和民族，有着不同宗教、社会和文化背景的人建立良性互动；四是愿意并能够为可持续性发展和人类的集体福祉采取建设性行动。

（二）清华大学认为全球胜任力即在国际与多元文化环境中有效学习、工作和与人相处的能力，于 2017 年提出包括认知、人际与个人 3 个维度的 6 大全球胜任力核心素养[①]。

---

① （2020-07-16）. http://tsinghua. cuepa. cn/.

1. 维度一:认知层面

a. 世界知识与全球议题

了解世界历史、地理、经济与社会发展的知识,理解不同国家的政治和文化差异,关注环境、能源、健康、安全等全球议题,理解人类相互依存、共同发展的重要意义。

b. 语言

恰当有效地以母语和至少一种外语进行口头与书面表达,能够与国际同行深入探讨专业话题,并通过语言理解、欣赏不同的文化内涵。

2. 维度二:人际层面

a. 开放与尊重

保持好奇和开放的心态,尊重文化差异,具有跨文化同理心;坦然面对不确定性,适时调整自己的情感与行为。

b. 沟通与协作

具有合作精神和协调能力,能够与不同文化背景的人友好互动和交流;善于化解冲突与矛盾,能够在跨文化团队中发挥积极作用。

3. 维度三:个人层面

a. 自觉与自信

深刻认识自己的文化根源与价值观,理解文化对个体思维和行为方式的影响;在跨文化环境中自信得体地表达观点,并通过不断自我审视来提升自我。

b. 道德与责任

诚实守信,遵守社会伦理,恪守职业道德,坚持在重大事项上做出负责任的决策;勇于承担责任,推动人类可持续发展。

二、主要发达国家工程科技人才的流动特征、政策与机制

1. 美国被称为"人才收割机"

(1) 选择性移民政策是美国高层次人才流动的显著特征

美国是一个具有移民传统的国家,公民构成带有浓厚的多样化色彩,被称

为世界"大熔炉"。虽然美国移民政策较其他国家相对宽松,但美国十分注重技术移民,特别是从其他国家掠夺高科技人才。

20世纪初期至中期,大量高层次人才从欧洲流向了美国,当时的美国顶尖科技人才中有90%来自欧洲,其中主要来源于德国。在这一时期,美国共经历了两次德国顶尖科学家大规模涌入的阶段。第一次是1933年开始的对德国犹太知识难民的接收活动,第二次则是1945年开始的"美国输入德国科学家与技术专家"计划。这是美国历史上第一次利用战争条件进行的大规模掠夺外国顶尖工程科技人才的活动。

能否为美国做出贡献,会不会对美国财政负担构成威胁,一直是美国进行移民甄选时的重要依据。"二战"期间,美国对普通难民的政策是非常令人失望的,例如美国国会拒绝安置犹太儿童以及载有930名犹太难民的"圣路易斯"号客轮。但美国却对"知识难民"进行选择性接收。仅1934年,就有650名"知识难民"逃离德国,其中包括诺贝尔物理学奖获得者爱因斯坦。1935年底,来到美国的"知识难民"数量达1700多名。"二战"结束时,美国已经拘禁了8.5万~9万名德国战俘,其中包括1500多名顶尖科学家与技术专家①。

20世纪后期至今,从欧洲流向美国的工程科技人才比例逐渐下降,由发展中国家流向美国的人才比例快速上升,占美国输入科技人才的85%。其中来自亚洲的科学家与工程师比例占到一半左右。在亚洲各国中,从印度流向美国的工程科技人才最多,中国位于第二位。大量的高科技移民涌向美国,为美国的经济社会发展特别是尖端科技的发展做出了重要贡献。

(2) 留学生是美国工程科技领域高层次人才的重要组成部分

美国培养的来自本土的科学工程人才数量呈下降趋势。20世纪末,美国获得科学与工程学位的大学生比例在发达国家中位居第三,到21世纪初,已经下滑到第17位。美国是最大的留学生流入国,它热衷于吸引国际学生到STEM专业领域进行学习。2006—2007年美国录取国际学生的十大热门领域中工程、物理与科学、社会科学、数学与计算机科学招收的学生数占40.5%。橡树岭科学与教育研究所的调查表明,2003年有61%的科学与工程博士学位获得者留在美国,2005年这一比例上升至65%②。

① 不为人知的"云遮雾绕"计划二战美国对德国科学家资源的掠夺[J]. 坦克装甲车辆·新军事, 2019(4): 69. DOI:10.19486/j.cnki.11-1936/tj.2019.08.013.

② 赵丽.美国科技人才流动的特点及其政策机制[J].中国高等教育,2014(18):60-63.

2011 年美国专利产量最多的前 10 所大学中,76% 的专利至少有一名发明者是在美国之外出生的。美国技术政策协会《高科技移民改革的预算效应》报告①显示 STEM 领域中的科技人才为美国经济社会发展做出了突出的贡献。1995— 2005 年成立的高科技公司,1/4 是由赴美学习或工作后移民的高科技人才创办的。这些公司 2005 年为美国创造了超过 520 亿美元的利润,为美国本土提供了 45 万个工作岗位。根据美国考夫曼基金会发布的《美国新移民企业家的昨天与今天》研究报告,2006—2012 年,1/4 的美国科技企业是由移民创设的,在硅谷的 335 家工程类科技型企业中,43.9% 的企业由移民创建②。

2. 加拿大争夺"数字科技人才"

(1) 加拿大"数字科技人才"需求

根据信息与通信技术理事会(Information and Communications Technology Council, ICTC)2019 年发布的的报告《加拿大的增长货币:2023 年数字科技人才展望》③,2001—2018 年,加拿大数字经济领域的就业年增长率为 2.5%,2018 年底,加拿大数字经济领域从业人数约 180 万人。未来五年中,加拿大数字经济将继续保持上升趋势,该国对"数字科技人才"的需求在 2023 年将达30.5 万。

从具体的数字人才需求类型来看,以下 15 种高端人才将是加拿大重点争夺的对象:

1) 技术端的高层次人才

- 软件开发人员
- 数据科学家
- 数据分析师
- UX/UI 设计人员
- 全栈开发人员
- 网络安全分析师
- DevOps 工程师

---

① 赵丽.美国科技人才流动的特点及其政策机制[J].中国高等教育,2014(18):60-63.
② 郑巧英,王辉耀,李正风.全球科技人才流动形式、发展动态及对我国的启示[J].科技进步与对策,2014(13):150-154.
③ (2020-07-16). https://www.ictc-ctic.ca/.

- 机器学习工程师
- 数据库管理员
- IT 支持专家

2）相关的商业高层次人才

- 业务发展经理
- 项目经理
- 业务分析师
- 数字营销
- 研究人员

（2）加拿大数字科技人才来源的构成

加拿大移民占总人口的 1/5 以上。在技术工人的移民许可下,每 10 个移民中约有 6 个移民是企业家。在过去 10 年中,每年有大量移民涌入加拿大,从 2009 年的 245 290 人大幅度增加到 2018 年的 303 260 人。在加拿大以外出生的科技人才,特别是数字科技人才,是加拿大人力资源的重要来源。2009 年,大约 30% 的信息通信技术工人是在国外出生的。2019 年,有 2/5 的信息通信技术人才是在加拿大以外出生的。因此,吸引数字技术移民的重要性更加突出。2018 年,担任业务发展经理职务的工人中有 30% 是外国出生的,信息系统分析师或数据库管理员的比例则约为 50%,软件开发人员的国外移民比例高达 70%[①](见图 5-1)。

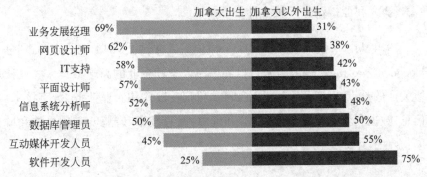

图 5-1 加拿大数字科技人才来源的构成图

来源:加拿大 2018 年统计数据(Statistics Canada, 2018)

---

① ［EB/OL］.（2020-07-16）. https://www.ictc-ctic.ca/.

（3）吸引人才流入的加拿大全球科技人才计划

作为加拿大全球科技战略（Global Skills Strategy）的全球科技人才计划（Global Talent Stream）①，旨在快速吸引全球高端科技人才，从而解决国家面临的人才需求挑战。该计划于2017年推出，与33家加拿大企业或机构合作，能够使这些公司在2周内让外国高技术人才到加拿大工作，且提供给境外人才的年薪至少为8万加元（约为40.1万元人民币），以便能从印度、中国、巴西、英国和美国雇用到更多的工程师或数据科学家。

该计划所重点关注的科技人才类型：

- 计算机和信息系统经理
- 计算机工程师（软件工程师和设计师除外）
- 数学家和统计学家
- 信息系统分析师和顾问
- 数据库分析师和数据管理员
- 软件工程师和设计师
- 计算机程序员和交互式媒体开发人员
- 网页设计师和开发人员
- 计算机网络技术员
- 信息系统测试技术员
- 数字媒体设计师

3. 澳大利亚推动人才独立计划

2019年11月，澳大利亚推出了全球顶尖人才独立计划（The Global Talent Independent program）②，吸引来自世界一流大学和企业的高端科技人才。该计划所关注的重点战略领域为：太空和高端制造；粮食和农业业务；数字技术，量子信息，数据科学和网络安全；能源和资源；医疗技术和制药；基础设施和城市发展；金融技术。

---

① ［EB/OL］.（2020-07-16）. https://www.canada.ca/en/immigration-refugees-citizenship/news/.

② ［EB/OL］.（2020-07-16）. https://immi.homeaffairs.gov.au/visas/]working-in-australia/visas-for-innovation/global-talent-independent-program.

三、当前全球工程科技人才流动的新趋势与挑战

1. 从发达国家到发展中国家的人才回流现象

长期以来,全球工程科技人才的流动大多是单向的,即由发展中国家流向发达国家。然而,近年来,发达国家对发展中国家大规模的人才掠夺现象有所缓解,全球工程科技人才的流动出现了从发达国家到发展中国家的回流现象。一方面这主要源于发展中国家实行了积极有效的高端人才引进政策,另一方面,也是源于发展中国家整体经济社会发展水平的提升,能够提供更多满足高端人才需求的岗位。以中国为例,2008 年出台"千人计划"、2011 年"青年千人计划"、2012 年"外国专家千人计划"等人才吸引措施加大了科技人才的回流力度,中国已逐渐从"人才流失严重国家"成为全球最主要的"人才回流国"。截至 2012 年,"千人计划"已引进各领域高端人才 3300 多名,并且带动了一大批海外人才踊跃回国创新创业。2012 年,我国各类留学回国人员总数为27.29 万人,较 2011 年增加了 8.67 万人,增长了 46.47%。截至 2016 年年底,中国留学回国人员总数已达到 265.11 万人,被称为"一个民族史上罕见的人才回流潮"①。

2. 全球工程科技人才环流与共享模式初现

与人才外流和人才回流的单向流动模式不同,人才环流是在流出国与流入国之间来回流动的模式,是一种周而复始的循环,而非单向的、永久性的回流或者外流。在人才环流的模式下,全球工程科技人才的流动性最强,人才流入国与人才流失国的界限和区分将不再明显,形成一种全球人才资源共享的状态,进而实现国与国之间的共赢。人才环流模式的倡导者是美国伯克利加州大学资讯学院的院长 Ann Lee Saxenian。她通过对美国加州硅谷的华人和印度科技人才及其同母国的关系分析,强调了高科技人才可以通过人才环流,对移民的输出国和输入国双方都做出重要贡献。科技人才虽身处硅谷,但仍然同祖籍国的科技中心保持联系,通过科学合作、共同创作以及技术转移等补偿机制,减轻了人才流动对人才输出国的不利影响。在人才环流的视角下,人

---

① 郑巧英, 王辉耀, 李正风. 全球科技人才流动形式、发展动态及对我国的启示[J]. 科技进步与对策, 2014, 31(13): 152-153.

才可以被视为一种储存在海外的资源①。

曾任德国一家大学副校长的丁先春博士说:"我在学校主管科研,学校里的100多个科研项目都由我管理,这是一个群体优势。我可以做中德技术交流的桥梁。我所在的这个位置比我单枪匹马回国,再去与国外交流要容易得多,也比我一个人回国做出的贡献大。国外先进的不只是技术,管理更为突出。我在德国可以为中国引入先进的技术,帮助联系交流合作,起到一个窗口和桥梁的作用。"②

当两国经济、产业结构存在差异甚至互补的情况下,人才"环流"的"共享效应"会很明显:人才协助互通有无,帮助缺乏资金和技术却拥有劳动力和能源的国家获得产业转移的机会;帮助拥有资金和技术却缺乏劳动力和能源的先进国家进行产业转移,最后自身也获得良好的事业发展。因此,人才环流的"共赢"效应多发生在发达国家与发展中国家、新兴发展中国家与落后发展中国家、能源缺乏国与能源富裕国之间。

但人才环流有一个重要前提,即国际合作关系的稳定。国与国之间的稳定合作关系,为人才环流提供了可能和保障。如果国际关系摩擦不断,甚至局势动荡,双方的合作关系被破坏,首先受到影响的就是国与国之间的高科技人才交流机制。人才拥有国可能会限制或者禁止高科技人才向人才输出国提供知识服务。

3. 全球疫情之下工程科技人才国际流动的挑战

新冠疫情期间,为最大力度控制新冠病毒的蔓延,各国纷纷临时关闭边境,暂停签发签证和工作许可。全球人员流动因此几乎陷入停滞状态,已经造成了巨大的经济、社会和政治影响:对现有的创新生态,未来的经济增长,以及全球高科技人才与留学生的生活造成了威胁。特别是特朗普政府的一些决策,例如将33家中国机构列入实体名单③、阻止中国留学生回国、禁止中国学生到美国进行STEM领域内的专业学习等,这对中美人才交流产生了重大影响,包括即将赴美的中国留学生,在美国的中国留学生和专家学者,以及美国本土那些与中国建立了合作关系的院校与机构。不仅如此,特朗普政府对中国研

---

① 刘宏. 全球人才环流及其对中国的启示[J]. 社会科学报, 2018(2): 2.
② 王辉耀, 苗绿. 人才战争2.0[M]. 北京:东方出版社,2018:189-191.
③ 郭媛丹,美国制裁33家中国公司和机构,环球网,2020-05-23.

究生赴美留学的限制举措对其自身例如硅谷高科产业也产生了不利影响,因在美的亚裔技术人员所占比例较大,并在一些高科产业发挥着重大的作用。例如苹果、谷歌等企业的亚裔技术人员占比高达 20% 甚至 30%。同时根据经济合作与发展组织(OECD)的报告,有大量中国博士与硕士在 OECD 成员国工作,为其提供大量人才支持。

四、全球工程科技人才流动框架

新冠疫情危机加速了全球化的变革,国际合作和竞争局面正在发生深刻变化,全球治理体系和秩序规则正在面临重大调整,全球范围内的资源优化配置和价值链重构,正在引发新的更为激烈的国际竞争。工程科技人才作为 21 世纪最为重要的生产力要素,将成为国际社会关注的焦点。"抢人大战""技术封锁""人才垄断"等现象愈演愈烈。因此,有必要通过人才流动治理,构建一个有序、良性、共享共赢的全球工程科技人才流动框架。本研究以推拉理论为基础,以我国"一带一路""科技强国"等国家战略为导向,以人类命运共同体理念为宗旨,提出了国际工程教育共同体流动机制的构建框架(见图 5-2)。

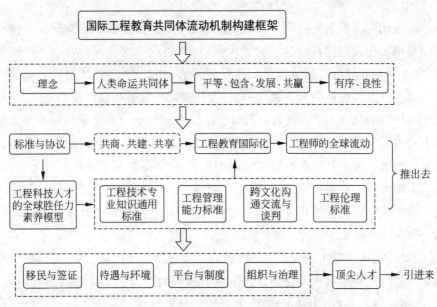

图 5-2　国际工程教育共同体流动机制的构建框架

来源/制图:ICEE

第六章 国际工程教育共同体的目标、举措与建议

通过前文对国际工程教育共同体的合作机制、流动机制、合作组织的多维分析和案例研究，以及在全球工程教育国际合作的发展现状、挑战与机遇的分析基础上，结合我国科技创新发展战略，本章提出建设国际工程教育共同体的三项战略目标、四项战略举措和五项政策建议。

一、国际工程教育共同体的总体目标

建设国际工程教育共同体，促进工程教育可持续发展。工程教育可持续发展是指工程教育应具有稳定的资源保障，其层次结构、科类结构、区域结构合理，人才培养规模与质量满足工业发展需求，并支持经济、社会可持续发展的需要。实现工程教育可持续发展，对提升国家工程能力和科技创新能力，具有至关重要的意义。工程教育可持续发展只有在强有力的全球伙伴关系和合作下才能实现，国际工程教育共同体需要在全球、区域、国家和地方各级建立包容性的伙伴关系。现在比以往任何时候都更需要加强工程教育国际合作，以确保各国从工程科技发展、技术人才培养、基础设施建设等领域恢复过来，更好地重建家园。通过建设国际工程教育共同体，实现联合国可持续发展目标(SDGs)，振兴全球可持续发展伙伴关系。

因此，本研究提出建设国际工程教育共同体的总体战略目标：面向我国工业强国建设战略目标和大变局背景下世界工程教育发展带来的挑战与机遇，以"共商、共建、共享"为基本理念，推动工程教育领域的标准建设、组织建设、人员流动机制与合作机制的创新，共同建设"平等、包容、合作、共赢"的国际工程教育共同体，提升中国工程教育的国际话语权和影响力。

建设国际工程教育共同体的总体战略目标分为以下三个子目标：

子目标一：推进国际人才培养标准建设，保障工程教育质量。

国际工程科技人才培养包含不同的标准体系，例如：以面向本科学位《华盛顿协议》的国际工程联盟（IEA）的国际工程教育标准、面向区域的欧洲工程教育标准、面向工程师职业发展的国际工程师互认标准、面向东南亚地区为主的亚太工程师协议等。目前，我国工程教育培养体系主要是基于学科的专业标准，从高等工程教育到职业工程师资格国际互认体系还未完全建立起来。因此，应加强标准建设，统筹国际标准与国内标准、学科专业标准与职业资格认证，通过工程教育国际组织推进标准对话协商机制，构建我国具有全球实质等效的工程科技人才培养标准体系。

子目标二：参与国际工程组织建设，加强国际合作组织关系。

巩固和扩大现有国际合作渠道，积极参与国际工程组织建设。近几十年，我国积极加入国际重要学术型组织，并有中国专家、学者先后在国际组织担任主席、副主席等重要职务，诸如世界工程组织联合会（WFEO）、国际工程教育学会联盟（IFEES）、亚太工程组织联合会（FEIAP）、全球工学院院长理事会（GEDC）等。因此，在积极融入国际组织、广泛参与全球工程教育发展进程的同时，应加强国际合作组织关系，大力推动我国工程教育的国际认可度，依靠强大的全球合作网络促进中国工程教育发展。

子目标三：构建新型合作机制，推动全球工程教育协同治理。

充分利用全球工程教育资源，与典型国际工程组织建立常态、有效的合作机制，与各个国家根据各国国情建立适宜、稳定的发展机制。以全方位、多方式、宽角度的形态开展国际合作，努力开拓以政府、高校、企业、科研机构、行业协会及社会团体共同参与的国际工程教育多元化新型合作机制。新型合作机制以各主体平等对话、包容共生为基础，推动全球工程教育协同治理，实现国际工程教育共同体的和平发展、合作共赢。

二、国际工程教育共同体建设的举措

举措一：坚持平等协商原则，在联合国教科文组织的支持下，促进包容性的全球工程教育标准体系建设，积极促进全球工程科技人才流动。

在全球工程教育标准体系构建过程中倡议工程教育共同体建设，解决全球工程科技人才流动的问题。"共商"工程教育标准制定和协议互认机制，"共建"国际工程教育质量保障体系，"共享"工程教育改革发展成果。通过合作交流，互派互访，促进工程教育质量提升，促进工程师的国际流动。通过倡议工程教育共同体建设，实现可持续发展目标，造福世界各国人民，进而增强我国工程教育的国际影响力。国际工程教育合作是大趋势。在当前不稳定的国际形势下，"要更加主动地融入全球创新网络，在开放合作中提升自身科技创新能力。越是面临封锁打压，越不能搞自我封闭、自我隔绝，而是要实施更加开放包容、互惠共享的国际科技合作战略。……要以更加开放的思维和举措推进国际科技交流合作。……使我国成为全球科技开放合作的广阔舞台"。[①]

举措二：采取共同行动，支持发展中国家工程能力建设，共同解决区域工程教育发展不平衡问题。

在发展中国家倡议工程教育共同体建设，解决区域工程教育发展不平衡问题。众所周知，世界上许多宝贵的自然资源分布在发展中国家和地区，但应对大自然全球挑战的工程科技、经济、信息及人力资本等优势资源则主要分布在发达国家。发展中国家优质工程教育资源匮乏，特别是非洲国家存在工科院校数量少、工程教育投入不足的问题。非洲国家在师资、课程、实验设施等方面极度匮乏，难以培养出足够的高质量工程科技人员。发展中国家工程教育资源分布越不均衡，越是难以培养出充足、合格的工程师服务当地社会经济发展。因而，通过工程科技推动发展中国家特别是非洲国家可持续发展的目标就愈加难以实现。

通过在发展中国家倡议国际工程教育共同体建设，积极在发达国家与发展中国家之间构建一种共商、共建、共享的合作模式，发挥各自优势、优化资源配置，促使工程科技人才、资本及其他工程教育资源要素在国际工程教育共同体内的自由流通，从而解决区域工程教育发展不平衡问题。

举措三：促进产学合作、科教融合，促进产业链、教育链、创新链的协同，解决工程人才培养与产业结构不匹配问题。

在关键核心领域倡议工程教育共同体建设，解决工程人才培养与产业结构不匹配问题。随着第四次工业革命的到来，在人工智能、智能制造、能源互联网、工业互联网等产业领域，在基层以低端技术工种为主的人力生产结构，

---

① 习近平：在科学家座谈会上的讲话［EB/OL］．（2020-09-11）．新华网，http://www.xinhuanet.com/2020-09/11/c_1126483997.htm.

未来将被以智能机器人为主的智能生产结构所替代。未来智能制造业稀缺的不再是简单重复体力劳动的从业者,而是具备复合型知识技能的高端技术人才,尤其是在一些关键核心技术受制于人的产业领域。

通过在关键核心领域实施国际工程教育共同体的战略举措,加快解决我国高端工程人才培养与核心领域产业结构不匹配的问题。加快先进制造业、工业互联网、大数据、人工智能、生物医药、量子信息技术等关键核心领域的人才培养,促进我国产业迈向全球价值链的中高端,培育若干世界级产业集群。

举措四:在国际工程教育合作过程中倡导工程教育共同体理念,以合作促进发展、共赢。

在国际工程教育合作过程中倡议工程教育共同体建设,解决国际工程教育合作过程中的发展、共赢问题。我国是工程教育大国,但在工程教育强国方面还任重道远。通过借鉴国际工程教育组织"引进来"和"走出去"双管齐下的经验,建设国际工程教育共同体,使我国工程教育早日与国际接轨、同步发展。一方面,通过向外拓展"走出去",积极参加国际工程项目合作,支持新兴科技机构和工程组织的组建,在合作中赢得国际认可和支持,为日后国际化进程拓宽发展途径。另一方面,积极"引进来",通过开展学术合作项目、组织国际学术活动等,吸引国际工程专家来华参与工程建设及工程教育项目。要将国际工程教育官方机构、民间组织、专家个体的力量积聚成更大的发展动力,"要面向世界汇聚一流人才,吸引海外高端人才,为海外科学家在华工作提供具有国际竞争力和吸引力的环境条件"。①

三、促进国际工程教育共同体建设的若干建议

本节内容根据国际工程教育共同体的战略目标设计与战略举措,提出了促进工程教育共同体建设的若干建议,以期在实践操作层面更好地推进国际工程教育共同体建设。

建议一:建立硕士层次的工程教育认证体系

标准与协议互认是当前最重要的全球工程教育治理机制,为工程科技人才的全球流动提供了重要保障。但长期以来,全球工程教育标准与协议互认

---

① 习近平:在科学家座谈会上的讲话[EB/OL].(2020-09-11).新华网,http://www.xinhuanet.com/2020-09/11/c_1126483997.htm.

的主导权掌握在部分发达国家手中。国际上知名的工程教育认证机构主要有美国工程与技术认证委员会(ABET)、欧洲国际工程协会联盟(FEANI)等;主要的公约、制度有"华盛顿协议""欧洲工程教育认证体系"(EUR-ACE)等。我国在目前的全球工程教育标准制定和协议互认中缺乏话语权和领导力。目前,国际工程教育认证领域较为权威和广泛认可与使用的是国际工程联盟(IEA)倡导设计的工程教育认证协议标准体系。但这一广泛应用的认证体系最高层次为本科,研究生层次的工程教育认证体系尚未建立。全国研究生教育会议后,工程硕士的规模预计将迅速扩大,亟待建立硕士层次的工程教育认证体系。

建议中国科协、教育部牵头,在完善具有国际实质等效性的中国工程教育专业认证体系建设的基础上,积极推进国际合作,构建科学化、国际化的硕士层次工程教育认证体系。

建议二:推动完善职业工程师资格国际认证

目前,我国工程师职业资格国际互认虽然在某些领域已经与国外机构合作,共同认证工程师职业资格,其证书也具有国际或某些区域的通行价值,但还缺乏与国内职称评定认可的工程师资质对接。我国大部分领域实施的职称工程师制度,还无法与国际工程师资格体系衔接。"建立和完善与国际接轨而有中国特色的工程教育专业认证制度和工程师资格认证制度,积极引导和推动工科院校对专业目标、课程设置、教学方法和评价体系的调整"成为我国工程教育提高质量的重要任务。[1] 我国实施高等工程教育专业认证与工程师注册的专业范围还比较小,相应组织建设的时间还比较短。在高等工程教育专业认证与职业工程师制度的衔接方面,我国现阶段还没有制定关于高等工程教育专业认证制度与工程师注册制度衔接问题的制度政策或规定。如何依据我国的实际情况,并借鉴国外制度建设的经验,建设我国的高等工程教育专业认证制度与工程师注册制度及其衔接机制,就是一个很重要的问题。[2]

加快推进我国工程师制度建设,在体制机制问题无法短期解决的情况下,可首先在工程教育认证的基础上,由中国科学技术协会以及所属专业学会、地

---

① 顾秉林.大力培养工程性创新人才[J].清华大学教育研究,2013(4):1-6.

② 王瑞朋,王孙禺,李锋亮.论美国工程教育专业认证制度与工程师注册制度的衔接[J].清华大学教育研究,2015,36(1):34-40.

方协会,内外并举、以外促内,与国际工程师资格认证协议体系有效衔接。因此,建议中国科学技术协会或北京工程师学会牵头,推进我国职业工程师或注册工程师制度建设,对接国际职业工程师资格认证协议体系,将我国工程师职业资格认证制度与国际全面接轨。

建议三:打造我国工程教育国际合作示范平台

当今时代,数据信息是非常重要的战略资源,数据已上升为重要的生产要素,大数据管理也成为国家治理与全球治理的一种重要手段。然而,世界范围内的工程数据统计还面临很多挑战。例如,很多国家和地区的数据缺失情况严重,工程领域细化指标缺乏。随着非结构化数据的急速增长,描述工程教育和劳动力市场变化的传统数据分析方法也亟待整合。另外,数据伦理问题亦非常突出,如何保证数据安全和隐私不被泄露,特别是涉及国家安全和商业机密的工程科技和工程教育方面的数据,已成为工程数据信息管理面临的一个重大问题。

因此,建议联合国教科文组织国际工程教育中心牵头,推动建立在UNESCO 领导下的工程教育统计中心,面向联合国 2030 可持续发展的工程数据能力现状与挑战,中期为学术研究、政策咨询和全球工程报告提供可持续支持,长期成为全球工程教育领域的数据枢纽和应用中心,打造我国工程教育国际合作示范平台。

联合国教科文组织国际工程教育中心秉持人类命运共同体理念,致力于构建平等、包容、发展、共赢的全球工程教育共同体,推动国际工程教育合作与发展,共享工程教育发展成果,实现全球可持续发展目标。建议我国工程教育界继续加强与联合国教科文组织、典型国际工程与工程教育组织深度合作。建议加大对国际工程教育中心等驻地在中国的教育和科技类联合国教科文组织二类机构的资源投入和政策支持。作为联合国教科文组织的二类中心,国际工程教育中心在开展国际工程教育合作时有着天然的优势,是连接中西方国家、发展中国家与发达国家之间的桥梁,各类工程教育信息资源集散的重要枢纽。建议加大对国际工程教育中心的财政资源、人力资源的投入,提供更有力的政策支持。

建议四:促进国际工程教育治理的深度参与

长期以来,以西方国家为主的全球工程教育治理在工程教育新理念引领、工程教育标准制定与协议互认等方面占据着主导位置。然而,全球化时代的工程教育发展需要各国、各方协同治理,进而广泛地全面提升工程教育质量,促进工程师跨国、跨区域流动。突如其来并迅速席卷全球的新冠疫情加速了"百年未有之大变局"的进程,将进一步推动国际关系的重组,改变原有的世界格局、国际秩序和国际合作态势,对全球治理体系造成巨大冲击。原有的以西方国家为主导的全球工程教育治理体系可能面临着重构的挑战。为促进世界各国在工程教育领域内的合作,协同共治将成为后疫情时代的一个重要趋势。多元化的工程教育治理主体离不开中国作用的积极发挥。中国要积极参与到全球工程教育治理中,扩大我国在全球工程教育治理中的人员参与,增强我国在全球工程教育标准制定中的领导力。

因此,建议中国科学技术协会、中国工程院等部门,在国际交流与合作过程中为我国争取更多的国际组织任职席位,并牵头组织一批研究者针对国际组织任职要求与需求特点进行研究,搭建一个网络指导平台,定期发布国际组织人才需求信息,引导我国人才向国际组织流动。

建议五:促进发展中国家高质量工程人才建设

当前国际形势发展变化更彰显了人类命运共同体理念,为我国参与全球工程教育治理提供了基础。一些发展中国家优质工程教育资源匮乏,特别是非洲国家存在工科院校数量少、优质师资缺乏、工程教育投入不足,应加强校校合作、校企合作,提升当地工程能力建设。因此,要采取共同行动,支持发展中国家工程能力建设,共同解决区域工程教育发展不平衡问题。加强与发展中国家的国际工程项目合作,支持新兴科技机构和工程组织的组建,积极开展学术合作项目、组织国际学术活动在合作中赢得国际认可和支持。

以构建国际工程教育共同体为抓手,积极促进发展中国家高质量工程人才建设。建立工程科技人才供需监测机制。建议国家"一带一路"建设领导小组办公室联合相关部门,组织开展发展中国家工程科技人才(派出人才和当地人才)需求监测并建立数据库,并及时将需求信息反馈到企业和高校。建议教育部等国家部委机构甄选一批行业特色鲜明、工程教育突出的工科院校,面向发展中国家基础设施建设需求强烈、工程科技人才需求强烈的国家,输出符合国际工程标准且具备跨文化素养的高级工程科技人才。这不仅为扩大我国工科人才就业机会、支援发展中国家工程能力建设提供了解决方案,还履行了中国作为一个负责任大国的义务。

总之,实现国际工程教育共同体的总体目标,推动工程教育领域内的合作创新,是大变局背景下工程教育发展的重大挑战,也是提升中国工程教育的国际话语权和影响力的难得机遇。

国际工程教育共同体的构建是一个极其重要的任务。全球化时代工程教育的发展需要互信互认、协同治理,进而提升工程教育质量,促进工程师的跨国跨区域流动。当前,要贯彻"共商、共建、共享"原则,实现国际工程教育共同体的战略目标;要重塑国际工程教育合作机制、流动机制、组织机制,推进全球工程教育的制度建设;要从人员参与、标准制定、信息共享等诸多方面,完善全球工程教育治理体系,进而为实现全球工程教育协同治理贡献力量。

附　　录

表 1　中日韩(东亚)工程院圆桌会议成立以来的会议

时间/地点	会议主题	会议分议题	备注
1997 年 11 月 12—13 日,日本大阪	非政府性工程院职能 On the Roles of Non-Government Engineering Academics	开幕典礼 (Inauguration of the RTM of CAE, NAEK and EAJ)	
1998 年 11 月 18—19 日,中国杭州	亚洲金融危机和工程科技 The Asian Financial Crisis and Engineering Technology	IT 与制造业的重要性; 工业重组与科技创新; 创造性;IT 使用的新经济模式;基础设施对亚洲经济危机的缓和。	技术参观:浙江大学
1999 年 10 月 6—8 日,韩国首尔	工程师在环境保护中的角色职能 Roles of Engineers in Environmental Conservation	工程教育在友好环境与可持续发展中的趋向;环境工业发展的技术转让支持。	技术参观:韩国民村 Korean Folk Village
2000 年 9 月 20—22 日,日本淡路岛	通识教育下的工程技术教育 IT and Engineering Education Based Our Common Education	终身学习;中国角色; 工程教育的专业性。	技术参观:Ohnaruto Bridge 纪念馆、Nojima Fault 纪念馆、Michinoeki Awaji Matsuho Anchorage 园区
2001 年 10 月 23—26 日,中国重庆	工程教育与专业工程师 Engineers Professional Accreditation and Engineering Education	亚洲 CASE 未来合作的潜在性 (Future cooperation: Possibility of Asia-CASE)	技术参观:大足石刻 Dazu Stone Sculpture

时间/地点	会议主题	会议分议题	备注
2002年10月29—30日,韩国首尔	工程师的社会职能角色 Roles and Status of Engineers in the Society	工程师的社会职能角色提升;工程教育与专业性的提高。	技术参观:三星公司、韩国民村 Korean Folk Village
2003年10月28—31日,日本东京	更好、更专业 —工程师	多竞争、多合作 —东亚	技术参观:NTT Yokosuk 研发中心、NTT DoCoMo 研发中心
2004年10月31—11月2日,中国苏州	工程科技与可持续发展	3R 原则:减少、回收、再利用	
2005年11月1—2日,韩国首尔	新能源与可再生能源 New and Renewable Energy	新能源与可再生能源的国际研发政策与策略;科技议题与研发进行;氢经济的预测与对策。	技术参观:晶德宫 Changdeokgung Palace
2006年10月26—27日,日本东京	东亚机构创新 Institutional Innovation in East Asia	创新与发展;当前形势分析与未来展望;动态科技创新;机构制度与创新:商业智能、知识与文化—如何创新?	技术参观:浅草寺、未来科学馆 Asakusa and Miraikan in Odaiba

表2 中日韩工程圆桌会议记录表

时间/地点	会议主题	会议分议题
2014年9月24—26日,韩国济州岛	新兴技术支持老龄化社会 Emerging Technology for Aging Society	老龄化社会相关技术与配套产业之技术、服务平台、跨学科应用;专题调研报告:《老年人医疗保健技术》《慢性疾病医疗技术》《生活环境管理技术》
2015年11月2—11日,中国武汉	先进制造 Advanced Manufacturing	先进制造业发展趋势;智能制造;绿色制造;服务型制造
2016年8月31—9月2日,日本福冈	先进维护 Advanced Maintenance	基础设施土木工程维护;工厂设备维护
2017年9月27日,韩国釜山	智能城市 Smart City	智能交通;智能安全;智能能源

续表

时间/地点	会议主题	会议分议题
2018年10月25日，中国浙江德清	新一代人工智能 Next Generation of Artificial Intelligence	智能制造；智能医疗；智能经济
2019年12月2—5日，日本大阪	医学工程合作的未来	医学工程合作的最佳实践；工程对延长健康寿命的贡献；工程对社会福利发展的贡献

表3　中日韩工程圆桌会议工作组

时间	发起方	工作组任务内容
2003年	Hiroshi Suzuki, EAJ.	更好、更专业—工程师 Better Engineers, Better Professionals； 在深入协作研究的基础上起草章程 Drafting the Bylaws on top of the Collaborative In-depth Study
2004年	Zuosheng Qian, CAE.	亚洲工程师行为准则；全亚洲大学与产业合作
2005年	Bo Hyung Cho, NAEK.	工程伦理 Engineering Ethics； 东亚新能源与可再生能源合作 New and Renewable Energy Collaboration in East Asia
2006年	Haruki Ueno, EAJ.	工程伦理 Engineering Ethics； 新能源与可再生能源 New and Renewable Energy； 创新 Innovation

表4　欧洲工程教育学会保持定期联系的组织一览表

组织名称	组织简介
	欧盟委员会(EU) European Union 欧盟的常设执行机构，负责欧盟各项法律文件和项目的贯彻执行以及国际谈判。
	欧洲理事会(EC) European Council 负责处理欧盟大政方针与外交政策。

组织名称	组织简介
Consultative status with UNESCO	联合国教科文组织(UNESCO) United Nations Educational, Scientific and Cultural Organization 旨在通过教育、科学和文化促进各国合作,为世界和平与安全做贡献。
IIDEA	国际工程发展研究所(IIDEA) International Institute for Developing Engineering Academics 致力于建立一个全球的工程学院发展项目体系。旨在通过开办工程领导力培训讲习班/课程/研讨会来为所有工程教育机构和学院提供工程教育培训。
IACEE	电气工程及其自动化国际大会(IACEE) International Conference on Industrial Automatic Control and Electrical Engineering 国际工业自动控制与电气工程会议是工业工程、自动控制和电气工程所有领域(包括最新热点问题)的专家、学者和科学家之间进行学术交流、交流思想和灵感的平台。会议的目的是为来自学术界和工业界的全球研究人员和实践者提供一个平台,以分享这些领域的前沿发展[1]。
International Federation of Engineering Education Societies IFEES	国际工程教育协会联盟(IFEES) International Federation of Engineering Education Societies 国际工程教育协会联盟是通过构建出教育、企业和组织之间的网络合作来发展全球工程教育,并积极影响全球发展和社会经济增长的国际性、非营利性、非政府组织。
ENAEE European Network for Accreditation of Engineering Education	欧洲工程教育认证协会(ENAEE) European Network for Accreditation of Engineering Education 欧洲工程教育认证网络(ENAEE)在欧洲内外推广优质工程教育,培养工程毕业生胜任现代工程项目的能力[2]。
EuroP@ce	欧洲空间(EuroPace) 欧洲空间的使命是在线引导和帮助来自世界任何地方的学生应对学习压力。涵盖了从时间管理技巧和应对考试压力到有效的复习技巧等广泛主题[3]。

---

[1] [EB/OL]. (2020-07-17). http://www.iciacee.org/.

[2] [EB/OL]. (2020-07-17). https://www.enaee.eu/.

[3] [EB/OL]. (2020-07-18). http://www.europace.org/.

表 5　与欧洲工程教育学会签署谅解备忘录的组织一览表

组织名称	组织简介
IGIP	国际工程教育学会(IGIP) 德语：die Internationale Gesellschaft für Ingenieurpädagogik，IGIP，英语：The International Society for Engineering Pedagogy 国际工程教育学会在工程教育学领域有着 40 年的历史。IGIP 的成员致力于使 IGIP 成为领先的全球工程协会。IGIP 的个人会员网络、附属机构和机构以及由工程教育学领域的学者代表的地方分支机构遍布全球。全球超过 1500 名专业人士被授予"IGIP 国际工程教育工作者"的称号[①]。
BEST	欧洲学生技术委员会(BEST) Board of European Students of Technology 欧洲学生技术委员会是一个非营利的非政治组织。自 1989 年以来，致力于为全欧洲的学生提供交流、合作和交流的机会[②]。
ASEE AMERICAN SOCIETY FOR ENGINEERING EDUCATION	美国工程教育学会(ASEE)[③] American Society for Engineering Education 美国工程教育学会成立于 1893 年，是一个致力于促进工程和工程技术教育发展的非营利组织[④]。
LACCEI	拉丁美洲与加勒比海工程协会(LACCEI) Latin American and Caribbean Consortium of Engineering Institutions 拉丁美洲与加勒比海工程协会是一个非营利性组织，旨在为来自全世界的机构与对 LAC 活动感兴趣的机构或个人提供工程与技术领域的学术研究项目[⑤]。
SEE 中国高等教育学会工程教育专业委员会 Chinese Society for Engineering Education	中国高等教育学会工程教育专业委员会(CSEE) Chinese Society for Engineering Education 中国高等教育学会工程教育专业委员会是中国高等教育学会分支机构，由高等学校、工程教育研究机构、企业、科研机构、其他相关组织、团体以及个人组成。

① [EB/OL]．(2020-07-17)．http://www.igip.org/.

② [EB/OL]．(2020-07-17)．https://www.best.eu.org/index.jsp.

③ [EB/OL]．(2020-07-17)．https://www.asee.org/.

④ [EB/OL]．(2020-07-17)．https://tryengineering.org/zh-CN/link/american-society-of-engineering-education-asee/.

⑤ [EB/OL]．(2020-07-18)．http://laccei.org/.

表 6 与欧洲工程教育学会保持良好合作关系的组织一览表

组织名称	组织简介
	欧洲大学协会(EUA) European University Association 欧洲大学联盟是一个为 48 个欧洲国家的 800 多个大学提供高等教育研究的合作平台。
	欧洲工程师协会联盟(FEANI) European Federation of National Engineering Associations 欧洲工程师协会联盟是"二战"后欧洲成立的第一个工程师联盟。目前该组织的成员国已经扩展到 31 个欧洲国家。FEANI 代表了欧洲 350 万工程师的利益,努力成为欧洲工程职业的代言人,并发展工程师的职业认同感[1]。
CESAER	欧洲高等工程教育研究学校会议(CESAER) Conference of European Schools for Advanced Engineering Education and Research 欧洲高等工程教育研究学校会议于 1990 年作为非营利协会成立,联合欧洲内外 50 多所领先的研究密集型专业综合科技大学,是欧洲研究领域和开放科学政策平台公认的重要组织,被欧洲议会研究服务机构认定为"研究政策的重要代理组织"[2]。
	俄罗斯工程教育协会(AEER) Association for Engineering Education of Russia[3] 俄罗斯工程教育协会旨在改善工程教育和工程专业,涉及教育、科学和技术方面,包括教学、咨询、研究、工程项目开发、技术转让、提供广泛的教育服务、与社区/生产和科学建立联系。
	伊比利亚—美洲工程教育协会(ASIBEI) AsociaciónIberoamericana de Instituciones de Enseñanza de la Ingeniería[4] 旨在促进知识交流,改进对工程专业人员的培训,寻求加强伊比利亚美洲人民发展。
	美国工程认证评审委员会(ABET) Accreditation Board for Engineering and Technology 美国工程认证评审委员会是美国著名的非营利的国际工程认证组织。

---

① 孔寒冰,邱秧琼. 工程师资历框架与能力标准探索[J]. 高等工程教育研究,2010(6):9.2.
② [EB/OL]. (2020-07-18). https://www.cesaer.org/en/home/.
③ [EB/OL]. (2020-07-17). http://aeer.ru/en.
④ [EB/OL]. (2020-07-18). http://www.asibei.net/.

表7 欧洲工程教育学会 2015 年之后的欧盟项目

项目名称	时间	项目统筹	合作伙伴
2030 年工程专业吸引多元化人才的吸引力计划 A-STEP 2030-Attracting diverse Talent to the Engineering Professions of 2030	2018 年 9 月 1 日—2021 年 8 月 31 日	ENSTA Bretagne	欧洲工程教育学会、法国高等科技学院、大都会应用技术大学、奥尔堡大学、都柏林理工学院、欧洲学生技术委员会等
EBCC 模式—欧洲创新型工程教育的商业、教育、社会合作模式 EBCC Model—Education, Business and Community Cooperation Model for a Creative European Engineering Education	2017 年 10 月	TU Riga(里加工业大学)	欧洲工程教育学会、法国巴黎高等机械学院、希腊塞萨洛尼基亚里斯多德大学
未来工程师的职业角色和就业能力 PREFER-Professional Roles and Employability of Future Engineers	2017 年 1 月	KU Leuven	欧盟 ERASMUS 知识联盟

表8 欧洲工程教育学会 2015 年之前的欧盟项目

项目名称	时间	项目统筹	合作伙伴
利用学习分析理论成功实现中等教育向高等教育的过渡 STELA-Successful transition for secondary to higher education using learning analytics ERASMUS +	三年期项目 2015 年 1 月 11 日—2018 年 10 月 31 日	KU Leuven	代尔夫特大学、格拉茨技术大学、诺丁汉特伦特大学、欧洲工程教育学会
早期 STEM 教育准备计划 Ready STEM go-Early identification of STEM readiness and targeted academic interventions ERASMUS+	2014 年 10 月	KU Leuven	欧洲工程学会、伯明翰大学、汉堡工业大学、日利纳大学、都灵理工大学、布达佩斯技术与经济大学、阿尔托大学

项目名称	时间	项目统筹	合作伙伴
欧洲工程师学生创新合作平台 EPICES EPICES-European Platform for Innovation and Collaboration between Engineer Students ERASMUS +		Supmeca，Paris.	欧洲工程学会、阿尔托大学、里加工业大学、都灵理工大学、瓦伦西亚政治大学、那不勒斯费德里科第二大学

表 9　欧洲工程学院院长会议 ECED 历届会议主题一览表

年份	会议主题
ECED 2020	塑造负责任的工程师
ECED 2019	工程教育中校企合作的挑战：跨界合作
ECED 2018	数字化和多样性
ECED 2017	研究、教育、治理
ECED 2016	工程学校正面临发展挑战

表 10　欧洲工程教育学会论坛主题一览表

举办时间	论坛主题
SEFI Debate 2017	质量是否需要监督来保障？
SEFI Debate 2016	劳动力市场需求和工程技能
SEFI Debate 2014	大学教育与创新、创业、创造力技能
SEFI Debate 2014	工程教育面临欧洲危机的挑战

表 11　欧洲工程教育学会专题会议一览表

会议名称	会议时间	会议地点
第 20 届 SEFI-MWG 工程教育数学欧洲研讨会	2020 年 6 月 15—17 日	挪威，克里斯蒂安桑
第一届 SEFI 工程教育研究博士生暑期学校	2020 年 6 月 22—25 日	比利时，鲁汶
迎接工程伦理教育的挑战	2019 年 12 月 12—13 日	英国，埃因霍温大学
工程教育中的物理教学会议	2019 年 5 月 23—24 日	代尔夫特
第 19 届 SEFI-MWG 工程教育数学欧洲研讨会	2018 年 6 月	葡萄牙，科英布拉

表 12　欧洲工程教育学会区域专题会议一览表

会议名称	举办时间
葡萄牙工程教育学会国际会议 CISPEE conference International Conference of the Portuguese Society for Engineering Education	2020 年 7 月 1—3 日
哲学实践研究会 Society for Philosophy of Science in Practice（SPSP） Eighth Biennial Conference	2020 年 7 月 7—10 日
国际可持续发展研究会 International Sustainable Development Research Society	2020 年 7 月 15—17 日

表 13　欧洲工程教育年会主题一览表

年份	会议主题
SEFI 2020	参与工程教育
SEFI 2019	多元共赏：复杂性是新常态
SEFI 2018	卓越的创造力、创新力和创业能力
SEFI 2017	卓越教育促进可持续发展
SEFI 2016	世界之巅的工程教育：产学合作
SEFI 2015	工程教育多元化：面向工程新趋势的机会

表 14　国际工程教育学会联盟的组织结构和治理模式

名称	成员构成	主要职能
主席团	分为当选主席、前任主席、第一副主席、能力发展建设副主席（Vice President for Capacity Building）、国际多样性与包容性副主席（Vice President for Diversity & Inclusion）、学生副主席、工业与学术关系副主席、通信副主席（Vice President for Communications）等	主持会员大会、执行委员会大会和主席团大会
秘书长	秘书长由执行委员会任命	隶属于执行委员会的秘书长将负责 IFEES 的账目，也是执行委员会授权的 IFEES 日常行政活动签署人

名称	成员构成	主要职能
执行委员会	1. 主席； 2. 当选主席或前任主席； 3. 从大会中选出八名其他机构成员和两名法人成员； 4. 秘书长(不参与投票)； 5. 全球工学院长理事会 GEDC 主席； 6. 国际工程发展研究院 IIDEA 院长(观察员,不参与投票)	执行委员会将制定 IFEES 的总体政策,并对 IFEES 的运营和管理提供总体指导和监督(提名委员会由执行委员会任命)
官员	主席、当选主席或刚刚卸任的主席、四位副主席和秘书长(不投票)组成	负责制定会议议程以及 IFEES 有效运作所需的其他活动
会员大会	每年举办一次,每个组织选出代表一人。会议形式有线上、线下或二者结合	拥有最高权力,任命主席和执行委员会,审查 IFEES 的一般政策,并讨论工程教育的前景和发展
会员	工程教育组织(EEOs)、特别利益组织(如工科学生组织)、专业工程组织(如地区联合会和基金会)、企业合作伙伴、政府或政府实体	IFEES 是一个机构会员组织,会员是 IFEES 的强大基石
观察者会员		观察员提供给有兴趣变得更加熟悉 IFEES 的组织,无行政投票权、也无权参加 IFEES 工作组和委员会
金、银、铜会员		金、银、铜会员均有权竞选、当选并担任 IFESS 领导,有权组建并参加 IFESS 工作组和委员会
合作伙伴会员	代表全球范围内的公司和行业(公共和私营)的成员	每个 CP 成员(由 IFEES 的指定代表代表)都有一个投票权

表 15 国际工程教育学会联盟的合作伙伴

公司名称	公司简介	备注 (时任代表人优势背景,与产业、工业、工科人才流动、工程教育的合作)
空客① (Airbus)	1970 年 12 月成立于法国的一家商业飞机制造商,拥有太空部门、国防部门以及直升机部门。它是欧洲最大的航空和航天公司,也是全球航空航天领域公认的领导者。空客具备国际性和多样性的特点,员工来自 140 多个国家,公司使用 20 多种语言。	
澳汰尔工程软件公司② (Altair Engineering Inc)	Altair Engineering Inc 是全球具有深厚工程技术底蕴的优秀 CAE 工程公司,自 1985 年成立以来一直致力于为企业的决策者和技术的执行者开发用于 CAE 建模、仿真分析、优化、信息可视化、流程自动化和云计算的高端技术。公司总部位于美国密歇根州 Troy 市,在全球拥有超过 2600 位员工,50 多个分支机构遍及北美洲、南美洲、欧洲和亚太地区的 22 个国家。凭借其在创新的产品设计与研发、先进的工程软件和高性能计算技术上超过 30 年的丰富经验,为分布在全球 70 多个国家的 7000 多家客户,包括汽车、机车车辆、航空航天、国防军工、船舶海工、石油石化、电子电器、消费品及包装、高校及研究院所等诸多行业提供着高价值的服务和解决方案。同时,Altair 在生命科学、金融服务和能源行业的市场份额也显著提升。2017 年 12 月,Altair 公司在美国纳斯达克成功上市。	2001 年 7 月 Altair 进入中国,成立全资子公司澳汰尔工程软件(上海)有限公司,负责大中国区(包括中国大陆、香港、澳门、台湾)的业务;于 2006 年 3 月成立北京分公司;并于 2012 年 3 月成立台湾分公司;2015 年 3 月开设广州分公司;2017 年 6 月开设西安分公司。

---

① [EB/OL]. (2020-07-13). https://www.airbus.com.
② [EB/OL]. (2020-07-13). https://www.altair.com.

公司名称	公司简介	备注 (时任代表人优势背景,与产业、工业、工科人才流动、工程教育的合作)
波音[①]	波音,即波音公司,是全球航空航天业的领袖公司,也是世界上最大的民用和军用飞机制造商之一。此外,波音公司设计并制造旋翼飞机、电子和防御系统、导弹、卫星、发射装置以及先进的信息和通信系统。作为美国国家航空航天局的主要服务提供商,波音公司运营着航天飞机和国际空间站。波音公司还提供众多军用和民用航线支持服务,其客户分布在全球90多个国家。	代表人 Michael A 是波音公司行政官,学习和组织能力(LLOC)团队的企业部门发展负责人,致力于推动向 2025 年企业愿景的转型。他的团队为 12 个主要部门提供转型咨询和支持,包括工程、供应链、IT、人力资源、财务和计划管理。他正在部署与业务战略计划相关的基于角色的,数据驱动的劳动力开发系统,并为第四次工业革命提升员工技能。他还推动跨企业发展计划、技术领导力发展、职业轮换计划和新飞机计划发展计划。
达索系统[②] (ASSAULT SYSTÈMES)	ASSAULT SYSTÈMES 专注 3D 实验领域,为企业和人们提供有利于发挥想象,可持续创新的虚拟世界。公司产品包括 CATIA、SOLIDWORKS、ENOVIA、DELMIA、SIMULIA、GEOVIA 等 12 种,所涉及的产业领域有航空航天和国防、业务服务、建筑、城市和地区、消费品及零售、能源与材料、高科技、家庭和生活方式、工业设备、生命科学、海洋和海洋、运输和移动。具体的产品运作形式见备注一栏。以 CATIA 在交通运输行业中的作用为例:CATIA 设计/样式囊括从 3D 草图绘制、细分曲面、A 类建模到 3D 打印、逆向工程、可视化和经验等所有设计类解决方案。为促进更高效的设计创新,促进有效的市场运营,CATIA 关注发展外形和材料的创新性、较高质量的表面精致和质量,并拥有一个可通过物理和虚拟原型获得决策信息的工具。	代表人泽维尔·福格(Xavier Fouger)是一位工业工程师,曾是维也纳的科学随员,他于 1990 年加入达索系统公司。他创建了负责全球学术界的公司组织。他在美国、马来西亚、加拿大和法国设计了针对中学和职业教育的前沿学习计划,在那里他为 11 500 名中学生引入了 STEM 计划。他在印度、中国、巴西、墨西哥、哥伦比亚、南非、越南和阿根廷建立了 PLM(产品生命周期管理)能力中心。他负责管理由美国和欧洲机构资助的有关虚拟实验室、协作工程、MOOC 中的 3D、基于问题的学习和教科书虚拟化的研究。他帮助机构和政府将新兴行业实践(例如社会创新、精准农业、物联网或系统工程)转化为教育计划。他是 IFEES 和 GEDC 的创始成员,也是 SEFI 的指导委员会成员,他为各种工程和商学院提供有关创新管理的讲座和研讨会。他在 2016 年被授予俄罗斯工程教育协会一等奖,这是对工程和工程教育发展的重大贡献。

① [EB/OL]. (2020-07-13). http://www.boeing.com.
② [EB/OL]. (2020-07-13). https://www.3ds.com.

续表

公司名称	公司简介	备注 （时任代表人优势背景，与产业、工业、工科人才流动、工程教育的合作）
安西斯·格兰塔（Ansys Granta）①	成立于 1994 年，由剑桥大学的 Mike Ashby 和 David Cebon 教授创办并发展起来（spin-out company）。该公司已成为材料信息技术市场的领导者。自 2019 年 2 月起，Ansys Granta 成为 Ansys, Inc. 的子公司，致力于将信息技术应用于材料世界，帮助材料教育者教会下一代工程师、科学家和设计师，以及材料工程师以优化材料和工艺的性能。迄今为止，Ansys Granta 已经帮助数百家工程企业采用了"物质智能"，使产品设计和开发决策环节更加智能，目前达成的结果有：可访问的数据、节省的时间、降低的成本、降低的风险、更好的产品和令工程师满意的结果。	Ansys 其中的教育产品学术工程仿真软件被广泛应用于全球数千所大专院校，用于帮助大学生学习物理学原理、帮助研究人员解决复杂工程难题以及帮助研究生为其硕士或博士论文提供数据。此外，学生可下载我们的免费学生产品，以便完成课外家庭作业、顶尖项目和学生竞赛等。
华为②	华为公司成立于 1987 年，是全球领先的信息通信技术（ICT）基础设施和智能设备提供商。公司拥有 194 000 多名员工，在 170 多个国家和地区开展业务，为全球 30 亿人提供服务。华为致力于将数字化带给每个人、家庭和组织，以实现一个完全互联、智能的世界。为此，华为将：驱动无处不在的连接并促进对网络的平等访问；提供最终的计算能力，以提供无处不在的云和无处不在的智能；建立数字平台，以帮助所有行业和组织变得更加敏捷、高效和动态；重新定义 AI 的用户体验，使人们无论在家里、在办公室还是在旅途中，都能在各种情况下更加个性化。	中国企业，代表人华为公司全球教育行业部总裁 Danny Lin。

---

① ［EB/OL］. (2020-07-13). https://grantadesign.com/.
② ［EB/OL］. (2020-07-13). https://www.huawei.com/en/.

公司名称	公司简介	备注 (时任代表人优势背景,与产业、工业、工科人才流动、工程教育的合作)
CAS 工程联络 (by Liasion) (Engineering CAS by Liaison)	公司致力于建立招聘者与学生之间的可配置的云平台,以识别、招募、录取和招收最适合的学生。目前已有 25 余年在高等教育领域的工作经验;有 1000 多家大学参与;开展了 31 000 个服务全国性的项目;拥有 250 万的学习者申报。	
迈斯沃克公司 (MathWorks)①	MathWorks 是为工程师和科学家提供数学计算和基于模型的设计的软件开发商和供应商。MathWorks 的客户是世界各大洲 100 多个国家的 1 000 000 多名顶级技术人员。公司开发的 MATLAB 和 Simulink 在计算生物学、芯片设计、控制系统、图像处理与计算机视觉、数据科学、物联网、机器人、机器学习、信号处理、无线通信等领域均有广泛应用。	代表人 P. J. Boardman 是教育营销总监,管理着一支全球教育营销团队,负责产品和技术战略、发布计划以及从 K-12 到高等教育的在线学习。她是美国工程教育协会(ASEE)P12 教育企业会员委员会的成员。在 2014 年加入 MathWorks 之前,P. J 是 Cengage Learning 和 Pearson Education 的副总裁。P. J. 有文学学士学位,圣十字学院的数学硕士学位,马萨诸塞大学的教学设计硕士学位。
菲尼克斯电气公司 (Phoenix Contact)	Phoenix Contact 是电气工程领域的全球市场领导者和创新者,凭借其在机械制造和自动化领域近 100 年的经验正在致力于未来的智能生产。将引领潮流的连接和自动化技术设计应用在交通基础设施、电动汽车中,用于清洁水、可再生能源和智能供应网络,或高效节能的机械制造和系统制造。	代表人 Klaus Hengsbach 德国菲尼克斯电气公司(PHOENIX CONTACT)全球职业教育培训总监、德国新自动化协会副主席。

---

① [EB/OL].(2020-07-13).https://ww2.mathworks.cn/.

续表

公司名称	公司简介	备注 (时任代表人优势背景,与产业、工业、工科人才流动、工程教育的合作)
泉泽咨询 (Quanser Consulting)	在工程教育领域,Quanser Consulting 用数学理论搭建的物理学基础模型框架,来向学生展示一个可以看得见、摸得着的真实世界。在这个世界里,可以看到数学从抽象的理论世界流向真实的物理世界。Quanser Consulting 旨在为全球的学术机构提供更高效的研究、设计、制造和搭建可转化的实验室。	代表人保罗·吉尔伯特(Paul Gilbert)自 2002 年起担任 Quanser 的首席执行官,具有丰富的工程教育背景经验。他在 Quanser 公司负责监督解决方案的战略开发,旨在提高全球学术界的工程教育和研究质量。保罗热衷于将动手实验带入大学,使学生获得现实世界的经验,并以最强大、最有影响力的工程学领导者身份毕业。此外,保罗定期环游世界,发表主题演讲并与高级工程教育家会晤。他还积极参加了国际学术领导组织,包括 IFEES、GEDC、WEEF、IUCEE 和 ASEE。除日常工作以外,Paul 还是许多计划的积极青年导师,这些计划旨在培养年轻人的思维能力并促进 STEM 教育。目前,他活跃于 NEXT 36 企业家发展计划。保罗还是一名狂热的自行车骑手,在过去的 5 年中,他与他的团队一起为玛格丽特公主癌症中心筹集了超过 25 万美元的善款,以征服癌症。
西门子	Siemens PLM Software 是 Siemens Digital Factory Division 的业务部门,是全球领先的软件解决方案提供商,可推动行业的数字化转型,为制造商实现创新提供新的机会。Siemens PLM Software 的总部位于得克萨斯州普莱诺,在全球拥有 140 000 多家客户,与各种规模的公司合作,改变创意的实现方式、产品实现方式以及使用和理解产品和资产的方式。	代表人 Dora Smith 是 Siemens PLM Software(西门子数字工厂部门的业务部门)的全球学术计划的高级主管。在 Dora 的领导下,全球学术计划现已成为公司范围内的一项全公司战略计划。该计划通过基于项目的学习、STEM 竞赛以及行业实力软件和课程为下一代数字人才提供支持,为全球超过 100 万学生和 3000 多家机构提供支持。Dora 是经过认证的企业传播者,拥有 20 多年的经验。她在工程和制造行业中度过了自己的职业生涯,在各个学科中都发挥了领导作用。此前,她在 CAD Potential(现为 Tata Technologies 的一部分)担任执行管理职务,在那里开发了公司的首个学术和认证计划。在此之前,她指导的 Unigraphics 用户小组(现为 PLM World)是一个独立的非营利组织,为工程界提供支持。她还曾担任 IABC 圣路易斯市董事会主席。

表 16　国际工程教育学会联盟质量合作伙伴

质量合作伙伴名称	质量合作伙伴简介	备注 （时任代表人优势背景,与产业、工业、工科人才流动、工程教育的合作）
工程技术评审委员会 ABET(Accreditation Board for Engineering and Technology)	该组织是一家非营利性组织,认证了位于 29 个国家/地区的应用科学、计算机、工程和工程技术领域的近 3600 个大学和学院课程。	迈克尔·米勒根（Michael K. Milligan）是 ABET 的执行董事兼首席执行官,Milligan 负责领导总部位于巴尔的摩的全职员工,为 2200 多名认证专家的运作提供支持。Milligan 还负责 ABET 全球运营的各个方面,并直接向董事会报告。他曾在航空航天公司工作,为美国国家海洋与大气管理局(NOAA)开发了新一代环境卫星。他还曾在美国空军度过 24 年职业生涯,在作战、国际研发和技术获取等领域工作。他曾在科罗拉多州的美国空军学院电子与计算机工程系担任副教授和副系主任 6 年。Milligan 是电气和电子工程师协会（IEEE）的高级会员,Tau Beta Pi 工程荣誉学会的会员,并且是科罗拉多州和马里兰州的注册专业工程师。

表 17　国际工程教育学会联盟金卡会员

金卡会员名称	金卡会员简介	备注 （时任代表人优势背景,与产业、工业、工科人才流动、工程教育的合作）
美国工程教育学会（ASEE）	ASEE 是推动工程教育向世界发展的主要倡导者。其主要使命是:第一,ASEE 致力于促进工程教育创新方法和解决方案的发展、工程教育各个方面的卓越成就。第二,ASEE 通过对其政策和实践中对公平性和包容性进行建模来促进多样性发展,并倡导所有人平等获得工程教育机会。第三,ASEE 将建立一个包容各方的社区,实施一个稳健而透明的沟通策略,重视所有利益相关者的贡献与参与。	

续表

金卡会员名称	金卡会员简介	备注 (时任代表人优势背景,与产业、工业、工科人才流动、工程教育的合作)
印度教育促进会 (Education Promotion Society for India,EPSI)		N. Sambandam 组织了 10 余次国家级或国际会议,并在国家和国际期刊和会议上发表了 80 余篇论文。他为 IJOMAS、IE Journal、Udyog Pragati、《科学与工业研究杂志》和《印度运筹学学会杂志》提供审稿人的研究支持。他在人力资源开发部和科学技术部(FIST)下建立了 CAD/CAM 实验室和卓越的先进制造中心。从 2009 年 12 月起,他担任全印度管理研究委员会主席长达 6 年。
国际工程教育学学会(IGIP)①	IGIP 在工程教育学方面拥有 40 多年的传统,为全球领先的工程协会做出了杰出的贡献。IGIP 通过与个人、会员和机构、以学者为代表的本地分支机构的合作遍布全球。全球超过 1500 名专业人员被授予"IGIP 国际工程教育家-Ing. Paed. IGIP"的称号。	Michael Auer 教授是年度 IEEE EDU-CON(Institute of Electrical and Electronics Engineers)、ICL 和 REV(远程工程与虚拟仪器国际会议)国际会议的创始人和主席,并且是多个国际会议和研讨会的计划委员会的主席或成员。他是欧盟资助的研究项目的评估员和协调员,还是欧盟委员会和美国 NSF 专家组的成员。自 1999 年以来,他一直是 IEEE 成员,并具有高级成员的等级。Michael Auer 自 2006 年以来担任"国际在线工程协会"(IAOE)的创始主席兼首席执行官。IAOE 是一个非政府组织,致力于在全球范围内推广新的工程工作环境。2009 年,他被任命为欧洲学习产业集团(ELIG)顾问委员会成员。2010—2016 年,他担任国际工程教育学会(IGIP)主席。在世界工程教育论坛(WEEF2015)期间,他当选为 2016—2018 年国际工程教育学会联合会(IFEES)主席。他是在线技术领域 190 多种出版物的作者或合著者,并且是许多国家和国际组织的领导成员。

---

① [EB/OL]. (2020-07-13). http://www.igip.org/index.php.

金卡会员名称	金卡会员简介	备注 (时任代表人优势背景,与产业、工业、工科人才流动、工程教育的合作)
信息技术私人股份有限公司(Info Plus Technologies Private Limited)	NEAT. AICTE-India. org Infoplus Technologies 开发了一个独特的创新教育平台,称为"LearnEngg"(www. LearnEngg. com)。它是一种视觉丰富的数字内容,使用带有 3D/2D 演示的实际应用程序来演示每个工程主题。它的"基于视觉的知识系统"专为研究生工程、理工学院、ITI 和技能开发设计的,为增进学习者对工程概念的理解,帮助学生行业就业做准备。Learnengg 平台致力于为所有正式和非正式的技术教育流开发世界上最大的可视化大数字内容技术教育数据库。该公司加入了 MHRD(Ministry of Human Resource Development)和 AICTE(all india council for technical education)的 NEAT 计划,所有产品接受上述两个机构的评价。	
印度技术教育学会(ISTE)	以促进教师职业发展、学生人格发展以及技术教育体系的整体发展为宗旨,印度技术教育学会(ISTE)作为印度领先的全国性非营利性协会,它有效地为联盟政府的各种使命做出了贡献。ISTE 在国家层面设有执行理事会,拥有超过 128 500 名技术教师,535 000 名学生成员,超过 2740 个机构成员(包括	

金卡会员名称	金卡会员简介	备注 (时任代表人优势背景,与产业、工业、工科人才流动、工程教育的合作)
	IITs、IISc.、NITs 和其他领先的技术机构)的活跃成员资格,在国家层面有1414 个教职员工分会和1505 个学生分会,以及状态级别。ISTE 的主要目标是向技术机构的教师和管理人员提供高质量的培训计划,以更新他们在其活动领域中的知识和技能,并优化生产过程、培养行业所需要的顶级高质量工程师和技术师,每年分别为教职员工和学生组织一次年度大会,大量的技术官员、技术老师、政策制定者、行业专家等参加。每年的年度大会期间,都会举办一次以科学技术和社会问题领域的最新发展为主题的全国研讨会,并邀请领先的技术教育专家进行特别的演讲,代表们将发表研究论文。ISTE 积极参与了新德里全印度技术教育委员会(AICTE)和新德里国家认证委员会(NBA)开展的许多活动。最近,ISTE 分别与 AICTE 和 NBA 成为第二届 Chhatra Vishwakarma 奖 和 WOSA 2018 的合作伙伴。ISTE 正在与政府机构和各种大学合作并签署谅解备忘录,以促进该国的技术教育体系。	

表 18　国际工程教育学会联盟银卡会员

银卡会员名称	银卡会员简介	备注 （时任代表人优势背景，与产业、工业、工科人才流动、工程教育的合作）
哥伦比亚工程学院①	哥伦比亚工程学院协会拥有 86 个工程课程的哥伦比亚高等教育机构，具体分布在中部安第斯地区、北部安第斯地区、南安第斯地区、加勒比地区、太平洋地区。	
中国工程教育学会（CSEE）	成立于 1991 年，是一个全国性的学术协会，其 150 个会员由中国高等教育机构、工程教育研究机构、公司和科研机构以及其他相关组织、团体和个人组成。学会致力于研究理论和实践问题，促进高等工程教育的改革和发展，并为会员提供最好的服务。 学会执行以下活动和职能： 1. 在中国高等工程教育发展和改革过程中，根据理论和实践问题规划和组织主题研究，或者为国家决策者提供咨询和意见。 2. 开展针对最紧迫问题的会员合作研究计划。 3. 促进高等教育机构与制造、工程和技术领域的团体交换见解和思想；改善工科研究合作教育和工程师和技术人员的继续教育。 4. 组织和实施有关高等工程教育的国际和国家学术交流活动。 5. 出版学术期刊《工程高等教育》。 6. 进行合法的社会责任活动和相关的业务培训课程。	代表人是浙江大学邹晓东、张炜。邹晓东为中国工程教育学会副秘书长、浙江大学工程教育创新研究中心副主任。张炜自 20 世纪 90 年代以来一直从事中国工程教育与公共政策领域研究。

① 　［EB/OL］.（2020-07-13）. http://www.ifees.net/members/.

银卡会员名称	银卡会员简介	备注 (时任代表人优势背景,与产业、工业、工科人才流动、工程教育的合作)
联邦工程学院院长委员会(CONFEDI)	CONFEDI 是一个非营利性的民间协会,汇集了全国 120 多个公立和私立学院的院长和前院长,是全国工程教育的最高代表。30 多年来,CONFEDI 一直致力于不断提高工程师的培训水平,他们是制定教育政策的主要角色。	
普渡大学"史诗"(EPICS)项目	EPICS 致力于联系当地和国际组织社群,为学生制定基于工程的多学科学习服务解决方案。EPICS 1995 年创建于普渡大学,已被 42 所大学和学院的课程所采用。	代表人 Bill Oakes 是普渡大学"150 周年"教授,EPICS 计划主任,普渡大学工程教育教授,美国注册专业工程师,工程教育学院的创始成员之一。他是美国国家工程院的伯纳德·戈登工程技术教育创新奖的共同获奖者,并且是美国国家专业工程师学会教育卓越奖的获得者。他是美国工程教育学会和国家专业工程师学会的会员。
伊比利亚-美洲社会与技术教育联盟(ISTEC)	ISTEC 是一个非营利性组织,由来自美洲和伊比利亚半岛的教育、研究、工业和多边组织组成。联盟的目标有二:其一是为了促进科学、技术和工程教育,并与其成员共同参与国际研发工作;其二是为了该地区的技术应用和转让提供有利的工具,确定实现拉丁美洲和伊比利亚半岛技术进步的需求。	代表人 Ramiro Jordan 博士是一位科学家、创新者、教育家和企业家。他是 ISTEC 的创始人,也是新墨西哥大学电气与计算机工程(ECE)系的教职员工,目前是国际计划工程学副院长。他的研究活动包括可持续性、智能电网、认知无线电、多维信号处理和软件开发。

银卡会员名称	银卡会员简介	备注 (时任代表人优势背景,与产业、工业、工科人才流动、工程教育的合作)
国际在线工程学院协会(IAOE)	国际在线工程协会(IAOE)是一个国际性的非营利组织,旨在促进网络工程(OE)技术的更广泛的发展、分布和应用及其对社会的影响。IAOE的活动覆盖: 1."远程工程与虚拟仪器国际会议"(REV)。 2.工作小组讨论最新的议题。 3.国际会议组织。 4.在线工程领域科技活动的推广。 5.国际期刊的出版。 6.为会员组织有关近期主题的研讨会、课程等。 7.维护OE学习计划的数据库。 8.为会员提供不同的服务。	代表人卡利安·拉姆(Kalyan Ram B)是ElectronoSolutions Pvt Ltd.的联合创始人,IAOE的主席。Kalyan拥有超过14年的涉及工业4.0解决方案的控制系统设计和远程工程领域的经验,他还领导Electrono解决方案的工程设计团队,例如制造行业的工业4.0和学术机构的远程实验室、用于工业机构的控制系统设计解决方案、国防和航空航天、工业自动化解决方案、软件/硬件/系统在环仿真、用于工程应用的物联网和研究基础设施管理解决方案。
韩国工程教育协会(KSEE)	KSEE成立于1993年,以发展工程教育和相关的技术,优化基础设施以培养韩国新一代的工程师为核心目标,为韩国经济的繁荣发展提供支持。现有个人会员1584人,组织会员225人。KSEE的活动涉及工程教育的以下领域:改善基础设施、培育新模式、扩展研究领域、将早期工程引入K12以及改善国内和国际合作。	
马来西亚工程教育协会(SEEM)	SEEM是推进工程教育的杰出组织,志在成为工程教育从业者、政策制定者和利益相关者的推荐机构。其主要的战略目标如下: 1.在工程教育的实践者、政策制定者和利益相关者之间架起桥梁并提供一个合作平台。 2.通过循证咨询引领国家繁荣的工程教育方向。 3.提倡和传播工程教育中的知识和良好实践。 4.在各级促进对工程教育的兴趣。	代表人Khairiyah Mohd-Yusof博士是马来西亚Teknologi大学工程教育中心(CEE)的主任,该中心致力于促进工程教育中有意义的研究和学术实践。她是马来西亚工程教育学会(SEEM)的会长,国际工程教育学会联合会(IFEES)的执行委员会,以及国际工程教育网络(REEN)和印度通用工程教育合作组织(IUCEE)的董事会成员。

银卡会员名称	银卡会员简介	备注 （时任代表人优势背景，与产业、工业、工科人才流动、工程教育的合作）
阿联酋工程师协会（SOE-UAEUAESOE-UAE）	1979 年成立，是阿拉伯联合酋长国在阿拉伯工程师联合会和世界工程组织联合会的国际会议上的代表。阿联酋工程师协会与所有 GCC 工程协会合作创建了海湾工程联盟，该联盟每年举行一次会议，以增强工程师及其在海湾地区的专业作用。其主要职责如下： 1. 在政府实体的合作下，为民族工业、工程、建筑、农业和经济的发展和进步做出贡献。 2. 规范专业实践、道德规范、标准和规范，并发展阿联酋所有工程师的技能和资格。 3. 在阿联酋的工程师与海湾合作委员会以及其他阿拉伯和外国的同事之间发展科学技术合作和联盟。 4. 通过发布、举行讲座和研讨会，组织实地考察以及在阿联酋工程师学会与其他国家的同行之间交换信息。 5. 如果需要，可提供咨询工程服务。 6. 鼓励在所有工程领域进行专业技术培训，以发展阿联酋所有工程师的技能。 7. 与阿联酋的政府机构以及其他阿拉伯国家的当局和协会合作，为阿拉伯语的工程表达形式的阿拉伯化和阿拉伯工程标准的传播做出贡献。	

表 19　国际工程教育学会联盟铜卡会员

铜卡会员名称	铜卡会员简介	备注 (时任代表人优势背景,与产业、工业、工科人才流动、工程教育的合作)
非洲工程教育协会 (AEEA)	为促进非洲各工程学科的优质教育,并弥合南北分歧,2002 年 9 月 AEEA 就此设立。通过已设立的非洲区域工程教育会议,提供工程教育工作者的相互支助网络。 其主要职责如下: 1. 鼓励散居海外的非洲人通过交流方案参与非洲工程教育的发展。 2. 加强与其他具有类似目标的机构的合作,如 ANSTI、DCTA、非盟、新伙伴关系、UICEE、世界粮食计划署建设银行和教科文组织。 3. 通过为工程教育者举办的研讨会,改善教育机构的教学。 4. 通过设立区域研究生培训中心,促进下一代工程教育工作者的发展。 5. 促进妇女科技事业发展,提高妇女在工程人员中的比例。 6. 与志同道合的国际组织合作。 7. 使人们认识到政府需要支助工程教育,包括提供适当的基础设施和工作人员。 8. 通过消除国际学费壁垒,促进学生(包括本科生和研究生)在欧洲大陆的交流。 9. 寻找和引导资金以实现非洲工程教育的卓越成就。	代表人 Funso Falade。2002 年,Falade 教授发起了非洲工程教育区域会议(ARCEE),并于 2006 年在南非成立了非洲工程教育协会(AEEA)。他是该协会的创始主席和现任主席。他曾是国际工程教育学会联合会(IFEES;2008—2012 年)的副主席。他是由清华大学和中国工程院共同成立的国际工程教育中心(教科文组织第二类中心)理事会的成员。2013 年,Falade 教授在非洲第五届工程教育地区会议(ARCEE 2013)上在尼日利亚拉各斯大学举行的非洲工程院长理事会(AEDC)揭幕。他曾于 2002 年、2004 年和 2013 年担任 ARCEE 组委会主席。他分别协调了 2006 年和 2008 年在南非和坦桑尼亚举行的非洲工程教育区域会议系列。他分别于 2015 年和 2016 年为西非和中非的工程和技术教育者组织了能力建设讲习班。他已经与 Diaspora 的非洲工程教育工作者建立了一个网络,他现在在能力建设研讨会上为他们提供帮助,以协助总部位于非洲的工程教育工作者掌握技能。

续表

铜卡会员名称	铜卡会员简介	备注 (时任代表人优势背景,与产业、工业、工科人才流动、工程教育的合作)
巴西工程教育协会（ABENGE）	ABENGE 致力于提高巴西工程技术专业的本科生和研究生教育的质量,为形成越来越合格和训练有素的专业人员做出决定性贡献,这些专业人员开发技术,并将技术带到巴西各地。ABENGE 的受众包括工程学课程的本科生和研究生、董事、校长、教师等。	
澳大利亚工程教育协会（AAEE）	AAEE 共有 17 年的举办会议经验。机构附设卓越和教育部门、交流和参与部门、会议和出版物部门、领导部门、执行部门等。其交流渠道包括在线新闻通讯、AAEE 网站、Facebook、《EA 杂志》《EA 在线新闻》等。	
伊比利美洲工程教育协会（ASIBEI）	2005 年 12 月在阿根廷圣塔菲市,为庆祝伊比利亚美洲工程教育学会执行委员会第十六次会议,ASIBEI 开始以西班牙语和讲葡萄牙语的拉丁美洲人的名义行事,会议承诺为伊比利亚美洲工程师的培训服务。ASIBEI 的代表成员来自阿根廷、巴西、智利、哥伦比亚、西班牙、墨西哥、葡萄牙、乌拉圭和委内瑞拉等国家。	
工程教育国家联合会（Associación Nacional de Federaciones de Educación de Ingeniería，ANFEI）	ANFEI 是总部设在墨西哥城的民间协会,该协会在其任何一个州中都聚集了 200 多个工程学院、学院和学校。ANFEI 的目标之一是促进对学生学习的整体改革与发展。ANFEI 与国际一级的类似协会（如 ASIBEI、IFEES、ASEE、LACCEI、SPEED、CONFEDI、ACOFI、ABENGE）以及国际组织 FIIDEM、CMIC、UMAI、CONAIC 等保持密切合作。	

铜卡会员名称	铜卡会员简介	备注 (时任代表人优势背景,与产业、工业、工科人才流动、工程教育的合作)
俄罗斯工程教育协会(AAEER)	为推动俄罗斯的工程教育发展,改进俄罗斯工程教育和工程实践,AAEER主要职责包括在教学、咨询、研究、工程发展、技术转让、广泛的教育服务、公共关系、与工商业的合作,以及融入国际科学和教育等领域充分发挥自己的优势。	
欧洲工程教育认证网络(ENAEE)	在整个欧洲乃至整个世界范围内推广高质量的工程教育,ENAEE通过授权EUR-ACE® 标签表示对程学位课程的认可和质量保证,ENAEE旨在提高工程专业毕业生的教育质量,并支持他们满足经济和社会需求的能力。	
欧洲工程教育学会(SEFI)	一个国际非政府组织,于1973年成立于比利时,是目前欧洲最大的工程教育研究机构与工程教育工作者的网络。SEFI的中心工作以及发展目标是不断发展和提高欧洲工程教育水平,强化工程教育在社会中的地位,为协会成员提供相关的各类服务以及分享工程教育相关信息,促进教师、科技工作者以及学生间的沟通与交流,推动工程教育研究机构与高等技术教育机构间的合作,强化工业界与工程教育工作者之间的合作。为SEFI成员与国际各组织间搭建相互合作的桥梁,进而从深度和广度两方面推动欧洲高等工程教育的发展。SEFI为其成员提供欧洲教育论坛,成员涉及全世界范围的高等工程教育研究单位、科研院所及相关机构、公司以及教师和学生个人。SEFI每年组织各种类型的研讨会、学术年会以及SEFI工作坊。每项活动都针对一些特定主题,如欧洲工程院长大会、公开出版物、欧洲专项研究项目及论文。SEFI最主要的工作内容是与其他主要欧洲组织及国际机构展开合作,包括欧洲委员会、联合国、欧洲议会和经济合作与发展组织。	代表人弗朗索瓦·科姆(FrançoiseCôme)自1993年以来一直担任SEFI秘书长,曾担任欧洲文化基金会(阿姆斯特丹)赠款部主任、巴黎联合国教科文组织的世界工程组织联合会的执行理事。

续表

铜卡会员名称	铜卡会员简介	备注 (时任代表人优势背景,与产业、工业、工科人才流动、工程教育的合作)
全球在线实验室联盟(GOLC)	致力于促进教育发展,开发、共享和研究远程访问实验室。要将当前对在线实验的巨大兴趣转化为可在全球范围内高效共享的实验室经济,一个统一且可互操作的架构至关重要。GOLC联盟的任务是突破传统,创造可共享的在线实验环境,以增加学习的教育和科学价值。GOLC的活动覆盖: 1.鼓励和支持创建新的在线实验室和相关课程材料。 2.通过创建可共享实验的全球网络,赞助设计一个共享、交换和交易在线实验室接入的有效机制。 3.支持围绕在线实验室创建的学者社区。 4.引导体系结构的发展,以统一的标准共享在线实验室。	代表人Michael Auer是IEEE高级会员,ICL和REV会议的创始人和主席,并且是多个国际会议和研讨会的策划委员会的主席或成员。他是欧盟资助的研究项目的评估员和协调员,还是欧盟委员会和美国NSF专家组的成员。
电子政府研究所、情报和系统(I3G)		代表人Tania Bueno是软件开发和知识工程领域研究人员的顾问、I3G的主席和永久创始成员、巴西联邦医学委员会特别顾问。
印度通用工程教育合作组织①	2007年美国和印度的150多名工程教育和企业领导者将印度通用工程教育合作组织(IUCEE)概念化。联合会致力于提高印度工程教育和研究的质量并增强其在全球的相关性,为世界各地的工程教育工作者带来相关利益。该组织重点是教师发展、学生发展、课程发展以及改进的教学技术和工程教育研究。IUCEE建立的生态系统包括面对面的workshop、网络研讨会和以混合形式进行的教师发展课程、国际会议、已通过同行评审的工程教育期刊、资格认证项目、来自世界的工程教育工作者与印度教育者、学生之间的网络交流平台。	代表人之一Krishna Vedula博士是最初由美国工程教育协会(ASEE)推动的印度通用工程教育合作组织(IUCEE)的创始人兼执行董事,曾担任美国金属学会(ASM)会员和美国工程教育学会(ASEE)会员。他拥有30年的材料科学与工程以及工程管理方面的学术教学和研究经验。

① [EB/OL].(2020-07-13).IUCEE官网网址 https://iucee.org/iucee/.

铜卡会员名称	铜卡会员简介	备注 (时任代表人优势背景,与产业、工业、工科人才流动、工程教育的合作)
电气工程师学会 (IEEE)	世界上最大的技术专业组织,致力于为人类的利益而发展技术。IEEE 及其成员遍布 160 多个国家/地区的 419 000 多名成员,拥有被广泛引用的出版物、会议、技术标准以及专业和教育活动,激励着国际社会为更美好的明天而创新。	
工业工程与运营管理学会(IEMO)	核心目标是,通过相似兴趣的推动,在多元化的人们之间(尤其是在新兴国家中)进行交流和联网,在全球范围内促进批判性思维及其在工业工程(IE)和运营管理(OM)领域中的有效利用。	
国际首席信息官学院(IACIO)	IACIO 由日本、美国、印度尼西亚、菲律宾、瑞士和泰国等联合创始人于 2006 年成立于日本。如今 IAC 的成员、合作伙伴和联盟包括中国、柬埔寨、荷兰、印度、韩国、老挝、中国香港、中国澳门、秘鲁、新加坡、南非、尼日利亚、中国台湾、英国、越南、意大利、俄罗斯、哈萨克斯坦和乌兹别克斯坦。IAC 在成立的第 14 年出版了年度早稻田大学-IAC 数字政府排名以及《CIO 与数字创新杂志》。IAC 还与 IOS Press 合作编写了《全球电子治理》系列丛书。在教育方面,IAC 认可 CIO 硕士学位课程,并向毕业生提供 CIO 证书,并通过亚洲 CIO 大学网络直接合作进行有关 CIO 和数据科学等主题的培训。IAC 与政府和非政府组织(如 APECTEL、经合组织和联合国)一起举办年度会议和合作伙伴会议和讲习班。	

铜卡会员名称	铜卡会员简介	备注 （时任代表人优势背景，与产业、工业、工科人才流动、工程教育的合作）
国际系统工程委员会（INCOSE）	INCOSE 是一个非营利性会员组织，旨在发展和传播系统的跨学科原则和实践。INCOSE 旨在将系统工程专业人员与教育、网络和职业发展机会联系起来，以发展全球系统工程师和解决问题的社区。INCOSE 致力于生产最先进的工作产品，以支持和增强该学科在世界范围内的知名度。	
技术与创新国际学院（IIITEC）	成立于 2010 年，整合不同知名研究人员的学术经验和思想，通过确立持续改进的理念，巩固研究兴趣、开展学术和文化活动的原则。IIITEC 的任务是在研究人员之间交流知识和经验、促进研究与发展，并在团契气氛中共同努力以改善生活质量和世界。	
缅甸专业工程师学会（IPEM）	IPEM 分为工程教育分支、普通教育学院分支、可再生能源组织分支、专业工程师（英国和全球）合作协会分支。其职责与使命是：建立 IPEM 作为国际专业协会，组织海外缅甸工程师；IPEM 新南威尔士州澳大利亚分会被授予"法人组织"资格；协助缅甸工程师获得国际认可；在发生国家紧急情况时支持缅甸政府。	从 2018 年 12 月开始，缅甸专业工程师学会不再颁发工程师注册证书。想要获得工程师注册证书的人应该向缅甸工程委员会（MEC）咨询。
伊朗工程教育学会（ISEE）	为解决伊朗大学工程教育综合课程缺乏的问题，2009 年"伊朗工程教育学会"成立。其职责和使命是： 1. 促进国内外工程教育方面的科学研究。 2. 与科学、教育和研究机构合作；行政部门负责科学领域的工程、程序以及相关研究和教育事务的认证。 3. 说服和激励研究，并奖励工程教育领域的研究合作者和学者。 4. 为工程专业提供教育性、研究性和技术性的服务。 5. 在国家、区域和国际各级举行科学会议。 6. 出版科学期刊、报告和书籍。	

铜卡会员名称	铜卡会员简介	备注 (时任代表人优势背景,与产业、工业、工科人才流动、工程教育的合作)
日本工程教育学会 (JSEE)	成立于 1952 年,其成员包括大学、工程学院、政府、实验室和工业公司。JSEE 的目的是积极发展创造力,鼓励学生快乐地学习,并为未来的工作感到自豪。	
拉丁美洲和加勒比工程机构联盟 (LACCEI)	是一个非营利组织,由提供工程、技术或教育计划的机构组成,目的是与其他 LACCEI 合作伙伴进行合作。LACCEI 已与不同的国际机构建立了战略合作伙伴关系,例如:OAS、AEER、ICACIT、ECEDHA、ENAEE、CONFEDI、ASIBEI、ACOFI、GEDC、ASEE 和 IEEE 等。	
中东和北美地区工程教育协会 (MENAREES)	使命是在中东和北非区域推广工程教育的最佳实践和创新。MENAREES 成立于 2019 年,旨在填补中东和北非地区工程教育方面的空白。MENAREES 是 IFEES 的地区分会,它与该地区的工程教育领导者一起从事专业和教育活动,以促进高质量的工程教育,并与世界各地的同事进行互动,MENAREES 是一家非营利性组织,仅依靠当前会员的会费以及主要行业合作伙伴的企业赞助。	
葡萄牙工程教育协会(SPEE)	一个非营利性协会,旨在通过教学培训和教师的个人发展,项目的传播与合作,国内外人员和机构之间的交流以及分析和解决问题的方式来促进工程教育。由创始成员组成的开创性团体签署的公共契约构成,目前,该理事会有 20 个机构成员,包括工程师勋章、几乎所有的大学工程学校和大量的理工学院以及 200 多个人会员。	Gustavo Alves 博士是葡萄牙工程教育学会(SPEE)的现任主席,国际在线工程协会(IAOE)的副主席、电气和电子工程师协会(IEEE)的资深会员、葡萄牙工程师协会(OE)和虚拟现实仪器系统—特殊利益小组(VISIR-SIG)成员。他曾担任国际在线工程杂志(*iJOE*)、国际工程教育学杂志(*iJEP*)、IEEE 拉丁美洲学习技术杂志(*IEEE-RITA*)、欧洲工程教育杂志(*EJEE*)的客座编辑。

铜卡会员名称	铜卡会员简介	备注 (时任代表人优势背景,与产业、工业、工科人才流动、工程教育的合作)
南非工程教育协会(SASEE)	是由理事会及其成员管理的自治协会。SASEE 汇集了对工程教育感兴趣的南非及其他地区的人士,其中包括高等教育机构和继续教育机构中的工程学者和教育工作者、教工程学生的其他学科的学者、工程专业支持人员、工程图书馆员、专业工程师、工程师、工程技术人员。	Deborah Blaine 是南非工程教育协会的创始成员,也是2017—2019 年主席。
工程教育科学协会(IPW)	2011 年 10 月 29 日,IPW 的创始成员在德累斯顿工业大学举行会议,并通过了其章程。德累斯顿镇与 19 世纪中叶始于德累斯顿的工程教育传统紧密地联系在一起。IPM 致力于提供高质量的专业和学术培训,包括理论和实践方面的技术学科的培训、教育和教学。	
土耳其工程主任委员会(TEDC)	2001 年 1 月 19 日,在 METU 文化与工程学院院长举行的工程学院院长会议上,TEDC 在土耳其共和国工程与工程学院教务长理事会上决定成立。它是一个平台,该平台支持工程主管之间共享经验、讨论良好做法、检查优缺点并加强主管间的沟通。	
女性工程组织(Women Engineering)	WomEng 是一个由工程专业女性组成的真正价值驱动型组织,主要由女性工程师组成,她们制定了解决方案,以解决从学校到整个行业的工程领域女性所面临的问题。自 2006 年以来,WomEng 便能够提供具有成本效益的、有影响力的项目,并且在开发有效的项目方面拥有成功的记录。所获奖项有:2017 年金砖国家峰会特别提名奖;2017 年《财富》杂志最具影响力女性奖;2015 年卡塔尔WISE 教育创新奖全球决赛入围者;入围 2015 年空中客车多样性奖;非洲联盟在 2015 年授予 TVET 最佳实践;2014 年《最佳女性》杂志授予南非最佳非政府组织。	Naadiya Moosajee,2017 年在金砖国家峰会上荣获中国政府特别奖,以表彰她对非洲女童教育的贡献。WomEng 在 19 个国家/地区开展工作,并与教科文组织合作启动一项承诺,即通过 STEM 教育赋予 100 万女孩以能力。Naadiya 是开普敦大学工程学院的顾问委员会成员,还是世界经济论坛(性别、教育和工作未来)的全球未来理事会成员并被《福布斯》杂志评选为"非洲 20 大年轻力量女性"。她是性别、包容性和创新领域的全球领导者,专注于工程技术行业。

表 20　国际工程教育学会联盟学生组织

学生组织名称	学生组织简介
欧洲技术学生委员会（BEST）	是一个以学生为主导的组织，在 32 个国家/地区拥有 94 个 LBG（本地 BEST 组），覆盖了整个欧洲大陆超过 1 000 000 名学生。BEST 是一个自愿组织的、非政治性的和非代表性的组织，旨在通过在本地和国际范围内举办课程、工程竞赛和休闲活动来增强多样性，从而树立国际意识和思维定式。
建设可持续发展世界的工程师组织（ESW）	ESW 是一个由学生和专业人员组成的国际非营利网络，他们共同致力于技术的可持续发展。
伊卡斯尔社会教育实体（ISEE）	ISEE 致力于通过加强全球行业与学术界之间关系的努力来成为全球教育的领导者。ISEE 的关键利益相关者参与了一系列在全球范围内进行的设计独特的研讨会、学生竞赛和会议。ISEE 期待与教育者和行业专家合作，同时鼓励并为学生社区提供研究和专业机会，以进一步扩大他们的影响范围，如 Ikasle 研究实验室（IRL）。此外，ISEE 继续为学生提供技术培训和领导力课程，为他们提供成功开展职业所需的资源。
学生工程教育促进与学习协会（SCALE）	
工程教育发展学生平台（SPEED）	

表 21　国际工程教育学会联盟观察者会员

观察者会员名称	观察者会员简介	备注 （时任代表人优势背景，与产业、工业、工科人才流动、工程教育的合作）
欧洲土木工程学院协会（AECEF）	欧洲土木工程学院协会由非欧洲国家的土木工程学院参加，成立于 1992 年，目的是为土木工程学院、研究人员、教师、学生，以及来自不同国家的专家和机构提供一种合作和技术转让方式。该协会已与理事会和位于布拉格的秘书处一起成立为非政府、非政治和非营利组织。	代表人 Alfredo Soeiro，土木工程学系主任（美国波尔图），波尔图大学校长。EUCEN 的创始人（欧洲大学继续教育网络，1992）；RECLA（拉丁美洲 CE 的网络，1996）和 AUPEC（葡萄牙 CE 的大学协会，1999）；EUCEN（1992/1998）和 SEFI 副主席；欧洲兴业工程师学会（2002/2004）；国际持续工程教育协会 IACEE 主席（2001/2004）；AUPEC 主席（2001/2005）；SEFI 总裁（2003/2005）。FEANI 的 EMC 副主席（2014/2018）和 EDEN 的 NAP 指导委员会副主席（2014/…）。EUCEN 理事会成员（2013/2016），AECEF 秘书长（2017/…）和 IACEE 理事会成员（1995/…）。获得索邦大学 800 周年纪念章（1998），国际成人和继续教育名人堂称号（2006），伊甸园院士奖（2008），IACEE 院士奖（2014），IEOM 全球工程教育奖（2016）和伊甸园高级研究员（2018）等荣誉。

观察者会员名称	观察者会员简介	备注 (时任代表人优势背景,与产业、工业、工科人才流动、工程教育的合作)
菲律宾计算机工程师学会(新加坡分会)(ICpEP)	ICpEP 是菲律宾学术界和行业从业人员的官方计算机工程师组织,具有非股份、非营利组织特点。ICpEP 有一个称为 ICpEPSE 的学生版,它是 ICpEP 菲律宾及以后地区未来领导人的培训场。ICpEP 还是高等教育委员会(CHED)计算机工程教育技术小组的伙伴组织,负责菲律宾计算机工程教育的政策制定、课程和标准。	
质量与认证研究所(ICACIT)	ICACIT 是计算、工程和工程技术计划的非营利性和非政府专业认证机构。ICACIT 确保课程符合国际标准,以培养准备开始其职业生涯的毕业生。ICACIT 由秘鲁国家工程学院(CIP)、巴西国家工业产权中心(CONFIEP)、秘鲁软件开发协会(APESOF)、秘鲁国家工程学院(API)和 IEEE 秘鲁分部组成。ICACIT 愿景: 1. 成为秘鲁计算机、工程和工程技术计划认可的公认专业机构。 2. 在计算、工程和工程技术领域寻求专业流动性协议的签署者身份。 3. 成为拉丁美洲和加勒比地区认可事务的领导者。 4. 廉政公署。 5. 通过自学和对基于结果的认证模型的理解来促进持续改进文化,以确保秘鲁的计算机、工程和工程技术计划的教育质量。	
InnovaHiEd Institute	机构致力于在高等教育领域打造更优质的创新及其转化。拥有全球专业的团队成员,为高等教育机构做咨询、指导与能力建设。	代表人 Lueny Morell,该组织的创始人、IFEES 的前任主席、GEDC 和 SPEED 的联合创始人。

观察者会员名称	观察者会员简介	备注 (时任代表人优势背景,与产业、工业、工科人才流动、工程教育的合作)
伊拉克工程师联盟(IEU)	于 1999 年成立,涉及石油工程、化学工程、机械工程、土木工程、精密基础工程、电力工程等领域。IEU 有巴士拉分公司、尼尼微分公司、巴比伦的分支、纳杰夫分公司、基尔库克分公司、QAR 分支、迪亚拉分公司、安巴尔省分行、卡尔巴拉分公司、米桑分公司 10 个分支结构。其工会委员会分为工程局委员会、同等证书委员会、文化活动委员会、社会体育活动委员会、工程师权利保护委员会、新闻出版委员会。在国际合作方面,IEU 与阿拉伯工程师联合会、世界工程组织联合会、亚洲及太平洋工程组织联合会有合作。	
工程教育网络研究(REEN)	REEN 是一个独立的、国际的、包容性的工程教育质量研究论坛。其合作期刊包括工程教育进展(*AEE*)、土木工程教育(*JCEE*)、美国工程教育杂志(*AJEE*)(以前是工程教育与实践专业期刊)、澳大利亚工程教育杂志(*AJEE*)、工程教育杂志(*JEE*)、国际工程教育工程研究杂志(*JIEE*)、欧洲工程教育杂志(*EJEE*)、高校预科工程教育研究(*J-PEER*)、IEEE教育交易(*IEEE Transactions on Education*)、关于科学和工程领域的女性和少数族裔教育杂志(*JWM*)、国际工程教育杂志(*IJEE*)、寄语(*Murmurations*)、国际工程教育学杂志(*iJEP*)、工程教育研究(*SEE*)。	

续表

观察者会员名称	观察者会员简介	备注 (时任代表人优势背景,与产业、工业、工科人才流动、工程教育的合作)
妇女工程学会 (Women's Engineering Society)	英国女性专业工程师的人数约为 11%,可能是欧洲最低的。从事技术工作的妇女人数要少得多,而工作岗位的增长最大。在这个背景下,妇女工程学会 WES 这一慈善机构成立,它是一个由女工程师、科学家和技术人员组成的专业网络。通过合作,该学会支持并激励妇女以工程师、科学家和领导者的身份取得事业成就;鼓励工程教育;支持具有性别多样性和包容性的公司。协会的活动有:向鼓舞人心的工程师颁发奖项,以提高女性作为技术领导者的形象;与媒体和运动进行对话,以改变对工程师和 STEM 教育女性有影响的政策。WES 官网列举了世界排名前 50 的女性工程师。	代表人 Elizabeth Donnelly,妇女工程学会首席执行官。由于与劳斯莱斯的合作,她被授予皇家航空学会会员资格,并继续领导航空航天业的技能政策。伊丽莎白(Elizabeth)担任 RAeS 教育和技能委员会主席,并担任其航空和航天妇女委员会的副主席和创始成员。伊丽莎白还创立了 RAeS 艾米·约翰逊命名讲座。后来,伊丽莎白建立了自己的咨询公司,于 2017 年获得系统思维硕士学位,并于 2018 年被任命为妇女工程学会的首席执行官。

表 22 国际工程教育学会联盟 2016 年的会议活动

名称	时间和地点	主题	备注 (时代背景介绍、会议形式、规模和与会者、举办机构简介、会议历史简介、重要主题的阐释)
拉丁美洲和加勒比工程机构联合会—国际工程、教育和技术会议	2016 年 7 月 20—22 日	全球可持续发展的工程创新	

名称	时间和地点	主题	备注 (时代背景介绍、会议形式、规模和与会者、举办机构简介、会议历史简介、重要主题的阐释)
第27届澳大利亚工程教育协会会议(AAEE)	2016年12月4—7日,澳大利亚断流港	工程教育家对未来工程师发展的转变	
GEELeC—全球工程教育领袖会议(SUSTech)	2016年12月5—7日	促进创新和创业的工程教育	
国际材料教育研讨会(格兰塔设计)	2016年12月8—9日,新加坡国立大学	主题: 1. 材料与设计 2. 可持续发展与国际化 3. 材料教学的创新与演进 4. 材料科学与工程	此次为第二届亚洲材料教育研讨会。参会人员有来自澳大利亚、巴西、中国、日本、印度、葡萄牙、新加坡和英国等13个国家的100多名代表。这次专题讨论会是一个世界性的系列之一。

表23　国际工程教育学会联盟2017年的会议活动

名称	时间和地点	主题	备注 (时代背景介绍、会议形式、规模和与会者、举办机构简介、会议历史简介、重要主题的阐释)
国际材料教育研讨会(格兰塔设计)	2017年1月6—8日		
ICTIEE 2017—工程教育改革问题国际会议(IUCEE)	2017年1月6—12日		第四届工程教育变革国际会议(ICTIEE'17)将把来自印度各地的工程教育工作者、世界各地以及工业界的领导人联系起来。2017年信息和通信技术国际公约将依次在三个地点举办,以最大限度地扩大其在印度各地各机构中的影响。

续表

名称	时间和地点	主题	备注 (时代背景介绍、会议形式、规模和与会者、举办机构简介、会议历史简介、重要主题的阐释)
国家有效教学学院(NETI-1)	2017年1月9—10日		国家有效教学学院(NETI-1)是为期3天的讲习班,每年两次。它旨在为参与者提供有效教学要素的信息和一些动手实践,例如课程计划、讲课、主动学习、学习评估以及处理教师生活中常见的各种问题。讲习班旨在为新教师提供指导,以帮助他们的职业生涯起步良好,并提供经验丰富的教师,以供他们在自己的校园中进行教师发展和新的教师指导计划时使用。因此,被提名的有经验的教师应该是其校园中最好的教师之一,而不是遇到问题和寻求帮助的教师。在对NETI-1校友的一项重大调查中,许多以前的参与者报告说,该研讨会对他们的学生的学习和学生的评价都产生了积极的影响。
世界未来能源峰会和国际水峰会(SOE UAE)	2017年1月16—19日		世界未来能源峰会(WFES)是全球最具影响力的活动,致力于推动未来能源、能源效率和清洁技术的发展。2016年,WFES展览和会议汇集了来自32个国家的600多家公司和来自150个国家的30 000多名与会者。国际水峰会(IWS)是一个全球平台,通过召集世界各地的领导人、现场专家、学者和商业创新者来加速干旱地区的水可持续发展,以加快新的可持续战略和技术的发展。

名称	时间和地点	主题	备注 (时代背景介绍、会议形式、规模和与会者、举办机构简介、会议历史简介、重要主题的阐释)
第三届土木工程和计算机应用发展国际会议(Ishik 大学)	2017 年 2 月 26—27 日		来自国际社会的研究人员将发表演讲,包括主旨演讲、最新演讲。
REV 2017— 第 14 届远程工程和虚拟仪器国际会议(IAOE& GOLC)	2017 年 3 月 15—17 日		REV 2017 是有关远程工程和虚拟仪器领域的一系列年度活动中的第 14 个。本次会议的总体目标是贡献并讨论远程工程,虚拟仪器和相关新技术(例如物联网、工业 4.0、网络安全、M2M 和智能对象)领域的基础知识、应用和经验。会议的另一个目标是针对上述主题讨论不同级别的教育指南和新概念,包括学习中的新兴技术、MOOC 和 MOOL、开放资源和 STEM 大学预科教育。REV 2017 将提供令人兴奋的技术计划以及交流机会。
学术论坛和讲习班(AcoFI)	2017 年 3 月 30 日	1. 冲突后、创新和认证;工程学院管理人员感兴趣的问题 2. 工科学生及其社会承诺	论坛工作坊"工程学生及其社会责任感"针对工程学生。目的是分析和讨论工程专业的学生如何在其学术活动中促进社会承诺,并考虑是否应与生产部门以及与国家建立联系以加强社会责任感。
第七届美国创新与创业竞争力交流	2017 年 4 月 2—7 日	第七届美国创新与创业竞争力交流	展示来自特定地区/国家的企业家精神,创新、战略投资和公私伙伴关系的成功范例,这些范例有助于地方、国家和地区的经济发展。该活动吸引了来自美洲及其他地区的 50 位经济和政治决策者进行为期 5 天的创新中心、领先公司以及教育和研究机构的参观,以探索本地和区域经济发展模式,分享经验和知识并建立网络,以提高美洲的创新能力和竞争力。

续表

名称	时间和地点	主题	备注 (时代背景介绍、会议形式、规模和与会者、举办机构简介、会议历史简介、重要主题的阐释)
第九届国际材料教育研讨会 (格兰塔设计)	2017 年 4 月 6—7 日	工程、设计、科学和可持续性方面的材料教学(想法、工具和最佳实践)	材料教育研讨会为大学级材料教育界提供了一个难得的机会,他们可以聚在一起讨论与工程、设计、科学和可持续性方面的材料教学有关的想法、工具和最佳实践。
国际工业工程和运营管理会议	2017 年 4 月 11—13 日	第七届工业工程和运营管理国际会议	
2017 年 5 月—计算、分析和网络全国研讨会 (奇卡拉大学)	2017 年 4 月 15日,奇卡拉大学	国际工业工程和运营管理会议	2017 年研讨会的第一期。CAN 2017 征集三个轨道领域:(1)计算—网格、云、绿色、并行、高性能、分布式、量子、社会计算等。(2)分析—数据、网络、情感、意见、商业分析、大数据、海量数据等。(3)网络—有线/无线网络、移动网络(3G/4G/5G)、传感器网络、网络安全等。除技术论文介绍以外,2017 年 CAN 还将专题领域的主要研究人员邀请发表论文、工业界和学术界专家的主旨演讲、学生项目展示、海报展示、争取最佳论文和最佳项目奖的机会以及建立关系网的机会。
2017 年 ABET 研讨会	2017 年 4 月 20—21 日	对 STEM 教育的认证、评估和最佳实践进行全球交流	旨在对 STEM 教育的认证,评估和最佳实践进行全球交流。建立新的网络、学习新的学习策略,并与来自世界各地志同道合的个人分享想法。ABET 的首要活动汇聚了从洛杉矶到里斯本与胡志明市(Ho Chi Minh City) 的热情的老师,讨论 ABET 的所有事宜。

名称	时间和地点	主题	备注 (时代背景介绍、会议形式、规模和与会者、举办机构简介、会议历史简介、重要主题的阐释)
EDUCON 2017—全球工程教育会议（IEEE）	2017 年 4 月 25—28 日	工程教育从古典向新兴过渡的挑战	此次是第八届会议，该会议在 IEEE 区域（欧洲、中东和北非）之间轮流举行。
ITEP'17—信息技术和工程教育学（IGIP）	2017 年 4 月 26—28 日	ITEP'17 是 IGIP 组织的一个特殊轨道，是 IEEE 的一部分	会议旨在公开讨论和反思在工程教育中使用信息技术及其适当的教学方法。注重在终身学习和培训中使用信息技术，从而促进参与继续教育，弥合高等教育与工作场所学习之间的差距。在 K12 级，本课程旨在评估信息技术在促进年轻人参与科学、技术、工程和数学领域（STEM）方面的进展。同时，注重理解和讨论电子工程的作用，以促进技术、产品和工业创新，促进有特殊需要的人的发展，促进健康和老龄化。无论如何，评估 IT 在促进任何地方的协作工作中都是非常重要的。
工程教育中的机电一体化4.0	2017 年 5 月 8 日	如何教育具有跨学科技能的工程师；为解决机电一体化 4.0 解决方案的概念化、设计、实施和操作等困难任务做人才储备	物联网、数字化、工业 4.0、网络物理系统和机电一体化都是目前的大趋势，它改变了公司开发产品、操作系统和提供服务的方式。这些术语在广泛的范围内产生共鸣——从政治组织、分支机构和行业到创业孵化器、大学、研究机构和社区学院。本次小组讨论将包括若干机构和工业界的代表。

名称	时间和地点	主题	备注 (时代背景介绍、会议形式、规模和与会者、举办机构简介、会议历史简介、重要主题的阐释)
妇女工程学会年会	2017年5月12日	WES帮助女性联系和规划丰富事业，赋予自己和他人权力。 1. 在STEM中为妇女提供指导和辅导； 2. 国家方案文件和技术妇女领导； 3. 个人目标设定与终身学习； 4. 工程和技术部门的职业规划； 5. 征聘和早期职业。	WES以一种可供知情的一般工程或技术受众使用的方式提供专题内容，重点放在与工程领域的妇女有关的问题上。通过参与"建立联系"，参与者将加入来自整个工程领域的其他专业女性。无论是经验丰富的还是处在早期的职业生涯中的女性都将有机会与他人见面并激励他人。
PTEE 2017—工程教育中的物理教学	2017年5月18—19日	集中讨论工程教育中物理教学的各个方面。广泛的主题涵盖最新的问题，如：以项目为基础的学习，激活学生，在讲座和实验室方面取得了巨大的成功，视频分析运动，物理教学、演示和模拟，物理实验室和虚拟实验室，物理教学在可持续发展方面的作用，工业需求与工业接口以及相关的公开主题。	它将为物理教师的思想和经验提供一个广泛的交流论坛。所有与工程教育中的物理教学有关的物理学家都被邀请参加PTEE会议，介绍他们的最新成就和经验。
工业及系统工程师学会年会及博览会(IISE)	2017年5月20—23日，匹兹堡	数以千计的业内顶尖专业人士汇聚一堂，将产生包括创新想法、最新工具和技术、最佳实践和持久的合作联系。	IISE年会和世博会
国际工程教育论坛（CAE和教科文组织共同组织）	2017年5月22—23日	面向未来的全球工程教育；促进可持续发展的工程能力建设。	

名称	时间和地点	主题	备注 (时代背景介绍、会议形式、规模和与会者、举办机构简介、会议历史简介、重要主题的阐释)
印度工程教育工作者和行政人员会议(Terna工程学院)	2017 年 5 月 25—27 日		IEEAC-2017 是一个平台,让校长、董事、院长、部门负责人和未来领导讨论困扰工程机构和教育的各种问题。目前正在组织第一届印度工程教育家和行政官会议 IEEAC-2017,将工程教育工作者和管理人员聚集在一起,以便在参与者之间分享良好做法,造福于所有人。该会议是由 ISTE、IETE、CSI 和学院支持的。
EngFest(查尔斯特大学)	2017 年 6 月 6—9 日		恩格斯节 EngFest 是一个为期 4 天的活动,将汇集工业界、教育工作者和社区,展示未来工程师的工作,并讨论和庆祝区域工程。
第三届国际科技园大会(美洲国家组织)	2017 年 6 月 7—9 日	科学、技术和创新园区是新工业革命的发电机;工业 4.0 巩固、促进和加强科学、技术和创新空间的政策。	大会与哥伦比亚科技园区、企业孵化器和创新空间第五次会议同时举行。这使各大机构能够融入一个国际网络,同时为参与者和赞助者创造一个有利于发展商业机会的环境,扩大其影响力并使他们能够满足期望,从而加强哥伦比亚的生态工程教育系统。

续表

名称	时间和地点	主题	备注 (时代背景介绍、会议形式、规模和与会者、举办机构简介、会议历史简介、重要主题的阐释)
国际技术和工程管理会议（IEEE）	2017 年 6 月 8—10 日	提供关于技术管理领域的概念、理论和最佳实践的研究（技术和工程涉及将技术思想推向市场所需的方法）	在当今的技术世界中，将刺激性的技术概念转化为可销售产品的过程将有许多挑战，需要对技术和业务实践有广泛的理解。无论是创业公司，还是现有企业都是如此。IEE 的活动涉及的领域包括创新、工程管理、营销、制造、供应链和人员管理。对新技术的需求和流程也进行了研究，包括 IT、Internet、物联网、生物技术、医疗保健和社交媒体。预期的文件记录了研究活动、案例研究和最佳做法。该会议将引起工程界、商界和管理界的重视。TEMSCON 2017 也是一个行业论坛会议，来自英特尔、Facebook、Uber 等公司的资深行业发言人将在会上介绍他们在当今现代公司技术管理方面的愿景、方向和挑战。此外，它还将为学生和青年专业人员提供教育方案以及编辑小组。会议将在硅谷举行，硅谷是高科技创新和发展的中心，工业遍布世界各地。首先开始介绍的是四个不同市场的四家截然不同的公司的高管小组，每个公司都有着创造性的、有效的管理技术，其市场机会

名称	时间和地点	主题	备注 (时代背景介绍、会议形式、规模和与会者、举办机构简介、会议历史简介、重要主题的阐释)
			和内部管理方面也发生着快速的变化。他们将提供一个简短的描述，说明他们如何看待市场上的问题，并提出一个简短的案例研究，以说明他们为成功管理和领导所采取的做法，然后与听众进行讨论。
2017 年国际工程联盟年会 IEA	2017 年 6 月 18—23 日		国际工程联盟是 7 个多边协议的组织。它由来自 7 个国际协议中 26 个国家/地区的 35 个司法管辖区的成员组成。这些国际协议管辖对工程学学历和专业能力的认可。通过三项《教育协议》和四项《能力协议》，IEA 成员建立并执行了国际标准的工程教育课程认证和预期的工程实践能力标准。全面的质量标准制定，包括对教育性评估、专业人士的能力评估，以及评定机构进行认证的程序。IEA 的目标是成为公认的关于标准、评估和监控工程教育和专业能力的最佳实践的独立机构，以提高工程师的质量、生产率和机动性。
国际工程妇女日	2017 年 6 月 23 日	子主题 MenAsAllies，承认男性同仁在工程学科之间促进平等和多样性的贡献	

续表

名称	时间和地点	主题	备注 (时代背景介绍、会议形式、规模和与会者、举办机构简介、会议历史简介、重要主题的阐释)
IFEES Webinar：全球参与多样性	2017年6月23日	1. 气候变化：LGBTQ[①] 纳入工程 2. 机构和机构间级别的倡议（美国马里兰大学）[②]	目前 LGBTQ 个人在许多环境（包括教室和工作场所）中仍面临排斥、歧视和公开的敌对情绪。本演讲从跨文化的角度以及劳动力的角度介绍了 LGBTQ 纳入的关键主题，并重点介绍了 NSF 赞助的 LGBTQ 工程平等虚拟实践社区的工作所取得的一些进步。
EMP17—2017 年能源，材料和光子学国际会议（SUSTech）	2017年6月24—26日，深圳	主题涵盖了能源中的材料和光子学的所有方面，包括但不限于：能源和储能材料 —纳米材料、功能材料和器件 —太阳能电池 —半导体照明和显示器 —智能窗户和涂层 —太阳能氢、光学/光子学	

① LGBTQ 是女同性恋者（Lesbians）、男同性恋者（Gays）、双性恋者（Bisexuals）和跨性别者（Transgender）等性少数群体的总体简称。

② 美国马里兰大学系统（USM）有两个由美国国家科学基金会（National Science Foundation）资助的开发计划，重点是扩大科学、技术、工程和数学（STEM）学者的参与。这些计划由马里兰州巴尔的摩县大学（UMBC）领导，其承诺是：马里兰大学研究生教育和教授联盟（AGEP），以及路易斯斯托克斯少数民族参与联盟（LSAMP）。美国各地有几个 AGEP 和 LSAMP 计划，但是 UMBC 的计划与马里兰州的其他大学合作，通过参加工程教育发展学生平台（SPEED），使他们人数不足的少数民族学生独特地参与了全球活动。在拉丁美洲和加勒比海工程机构联盟（LACCEI）和世界工程教育论坛的会议上进行。学生们利用美国国家工程院的"大挑战"作为框架来解决贫困、可持续能源和负担得起的教育等问题，与来自世界各地的其他人一起参与了人道主义工程创意的产生。迄今为止，学生们已经通过厄瓜多尔、多米尼加共和国、哥斯达黎加和韩国的 LACCEI 和 WEEF 参加了 SPEED 活动。一些学生是第一次出国旅行。此后，所有参与者都认为自己是全球参与度更高的公民，有责任利用其工程人才服务人类。将人数不足的少数族裔学生与全球观众建立联系，可以提高他们的工程学知名度、保留率，并促使他们开发自己的项目和开展合作，增强全球知名度。留住在工程领域中代表性不足的少数族裔人士一直很困难，榜样也很少，但是参加全球参与活动的 PROMISE 和 USM LSAMP 的学生在学术和专业上都获得了蓬勃发展。此外，这些学生中的许多人可能是下一代教授之一，他们正在积极招募更多代表性不足的学生进入工程学。Renetta Tull 在此网络研讨会上的演讲会提供一些细节，以建立面向本科生和研究生的全球参与计划，并重点介绍学者的一些成功经验。

名称	时间和地点	主题	备注 (时代背景介绍、会议形式、规模和与会者、举办机构简介、会议历史简介、重要主题的阐释)
美国工程教育学会年会暨博览会(ASEE)	2017 年 6 月 25—28 日	工程教育飞向何处:从 P-12 到生活	这次会议有 400 多个技术会议,其中涉及工程教育所有学科的同行评审论文。
泛美工程学会联合会(UPADI)年度会议(OAS)	2017 年 6 月 26—27 日	无相关信息	无相关信息
ASEE 国际论坛	2017 年 6 月 28 日		国际论坛汇集了来自全球学术界和工业界的工程专业人士,他们致力于新颖的工程教育计划,以分享有关成功模型、经验和最佳实践的信息。IFEES 总裁 Michael Auer 与 SEFI 总裁 Martin Vigild 一起在会上做主题演讲。
REES 2017—工程教育研究研讨会(REEN)	2017 年 7 月 6—8 日,哥伦比亚波哥大	主题是工程教育研究;EEWC 2017 的主要主题:社会对 21 世纪工程教育的挑战	
清华—爱德雅研讨会与会议	2017 年 7 月 14—16 日		IFEES、SEF、IIDEA、与中国工程院(CAE)—清华工程教育中心(CTCEE)合作举办第七届能力建设研讨会。
全球重大挑战峰会(美国工程院)	2017 年 7 月 18—20 日		
国际工程、教育与技术多方会议(LACCEI)和美洲国家组织的 OAS 峰会	2017 年 7 月 19—21 日		论文会议

名称	时间和地点	主题	备注 (时代背景介绍、会议形式、规模和与会者、举办机构简介、会议历史简介、重要主题的阐释)
第三届 AEDC 工程教育峰会	2017 年 7 月 24—26 日	非洲社会经济发展工程,子主题: 1. 能源充足和可持续发展; 2. 工程培训以提高全球竞争力; 3. 工程和高效的医疗保健提供; 4. 在工程教育中建立性别平衡; 5. 可持续水与卫生工程; 6. 工程企业家精神和技能发展; 7. 促进行业、学术界和国际合作。	AEDC 峰会是非洲最大的工程院长和副校长聚会。前两次会议是 2014 年在埃塞俄比亚的亚的斯亚贝巴举行的首脑会议和 2016 年在南非的布隆方丹举行的首脑会议。2017 年的首脑会议将由位于尼日利亚奥塔的圣约大学主持。参加的人员来自 GEDC、AEDC、AEEA 的主题演讲嘉宾包括行业领导者、学术机构负责人和政府领导人。
第二届非洲学生论坛(SPEED)	2017 年 7 月 24 日,尼日利亚奥塔约大学		
国际工业工程与运营管理研讨会(IEOM)	2017 年 7 月 24—25 日,由德比大学、西英格兰大学主办,在英国布里斯托尔的西英格兰大学举行	构建可持续制造和服务系统,工业工程和运营管理所面临的挑战	首届 IEOM UK 工业工程与运营管理国际研讨会旨在为学者、研究人员、科学家和从业人员提供一个交流思想的平台,以弥合工业工程与运营管理理论及其在解决最新问题和应用方面的差距。

名称	时间和地点	主题	备注 (时代背景介绍、会议形式、规模和与会者、举办机构简介、会议历史简介、重要主题的阐释)
同上	2017 年 7 月 25—27 日	自主题包括:人工智能;自动化与控制;循环经济;计算机与计算;施工管理;数据分析;决策科学;电子商务;能源和资源效率;工程经济,教育与管理;创业与创新;设施规划与管理;财务工程;物料流成本会计(MFCA)等	
第八届北美材料教育研讨会(Granta 设计)	2017 年 8 月 24—25 日,马萨诸塞州剑桥的麻省理工学院	材料教育创新,主要内容:吸引学生;在线教育;和"创客"运动	北美活动是全球三个座谈会系列活动之一。
CLADI 2017—拉丁美洲工程会议(CONFEDI)	2017 年 9 月 13—15 日	工程:对技术和社会发展的承诺。主要会议主题:大学政策与管理;技术和社会发展项目;工程教育;区域发展;大学,工业和政府合作;可持续工程——能源、环境管理和气候变化;工程工作和项目;工程专业的挑战;工程教育与服务的国际化。	拉丁美洲工程会议(CLADI 2017)的第一版是阿根廷联邦工程院院长理事会鼓励的第一个国际倡议(西班牙语为 CONFEDI)。来自拉丁美洲各地的研究人员和专业人士应邀参加了该活动。这次会议旨在解决工程专业对本地区专业人士提出的挑战,以及他们所受培训的学院的独特问题领域、项目和课程。因此,大会将为工程师建立机构间协议以及增强工程师在其职业、研究和学术环境中的作用提供无与伦比的交流机会。

名称	时间和地点	主题	备注 (时代背景介绍、会议形式、规模和与会者、举办机构简介、会议历史简介、重要主题的阐释)
2017 年欧洲工程教育学会年会(SEFI)	2017 年 9 月 18—21 日	可持续发展卓越教育	
第八届工业工程与运营管理国际会议(IEOM)	2017 年 9 月 19 日		见往年简介。
2017 年计算机科学与工程学院(ICACIT)	2017 年 9 月 21—22 日		ICACIT 研讨会是最重要的拉丁美洲认证活动,旨在成为一个交流工作和经验的空间,以不断提高学术界计算机、工程和技术领域的教育质量,认证和教育水平,行业和政府参与了工程师培训。ICACIT 是一家专门从事计算机科学、工程和技术领域的职业培训计划的认可机构,该机构拥有超过 12 年的经验,致力于促进秘鲁高等教育机构的教育质量不断提高,并且是华盛顿、悉尼和利马协议机构的成员。
EIEI 2017—国际工程教育会议(ACOFI)	2017 年 9 月 26—29 日,印度卡塔赫纳市	工科学校及其对社会的参与	主要活动形式:讲座、专家小组讨论和对话,同时在专题室发表的论文、研究进展,通过海报展示的论文、工科学生会议、商业展览,社会、技术和文化活动。
ICL 2017—交互式协作学习国际会议和 IGIP 工程教育学国际会议	2017 年 9 月 27—29 日,与布达佩斯的奥布达大学合作举办	交流相关趋势和研究结果,以及做关于交互式协作学习和工程教学法中实践经验的介绍	

名称	时间和地点	主题	备注 (时代背景介绍、会议形式、规模和与会者、举办机构简介、会议历史简介、重要主题的阐释)
GEDC 2017	2017 年 10 月 11—13 日,加拿大尼亚加拉大瀑布	重要问题:从智能系统到生物创新再到可持续性;吸引当地社区到培育企业家精神和高科技初创企业	会议将促进有关工程教育、研究和推广以及如何更好地为第四次工业革命做准备的重要讨论,第四次工业革命将继续通过数字颠覆来改变我们的世界。
SIT 2017—国际创新技术研讨会(IIITEC)	2017 年 10 月 16—18 日		
COPIMERA 2017—泛美机械、电气、工业及相关工程领域大会(ACOFI)	2017 年 10 月 18—20 日,哥伦比亚麦德林的马约尔广场会议中心	未来:能源与可持续发展	
第九波多黎各能源中心专题讨论会	2017 年 10 月 20 日	能源和环境	该讨论会为商业、研发和教育专家,商业领袖,投资者和领先技术的拥护者提供了交流机会。
国际工业工程与运营管理会议(IEOM)	2017 年 10 月 25—26 日,罗萨里奥大学-波哥大主办	供应链与物流的全球挑战与机遇;探讨如何减少美洲地区的差距	首届 IEOM 南美国际会议旨在为学者、研究人员、科学家和从业人员提供一个平台,以就全球挑战、生产工程和管理、供应链和物流的发展机遇交换意见。
ICAN 2017—计算分析和网络国际会议(Chitkara 大学)	2017 年 10 月 27—28 日		
项目评估基础研讨会(ABET)	2017 年 10 月 28 日	设计课程的教学目标,衡量学生的表现,创建指标并分析评估数据	参与者将主要关注 ABET 准则 2 计划的教育目标,准则 3 学生的学习成果和准则 4 持续改进。

名称	时间和地点	主题	备注 (时代背景介绍、会议形式、规模和与会者、举办机构简介、会议历史简介、重要主题的阐释)
部长和高级别科学技术主管机构第五次会议(V REMCYT)	2017 年 11 月 2—3 日,哥伦比亚麦德林,与哥伦比亚科学、技术与创新最高机构 COLCIENCIAS 共同组织	科学、技术和创新是美洲转型的支柱	部长级会议 V REMCYT 的主要目标将是在麦德林宣言框架内通过半球合作议程。会议为部长和高级别主管部门提供一次机会,汇报在 2015 年 3 月第四次 REMCYT 期间通过的《2016—2020 年危地马拉行动计划》的执行进展情况。会议将解决该地区的一些挑战,包括:公平获得技术;科学、技术、工程和数学的全纳教育;产生高附加值的商品和服务,创造优质的就业机会;生产清洁和可再生能源;可持续运输;区域一级的粮食安全,以及如何支持以技术为基础的中小企业(SME)和年轻企业家,以帮助他们充分发挥潜力。通过交流思想和最佳做法,邀请部长和高级机关对诸如机器人技术之类的变革性技术的力量进行反思。包括人工智能、3D 打印先进的制造、物联网、新材料、精密农业和个性化医学等,以促进 OAS 成员国的经济和社会发展,并找到解决该地区共同挑战的解决方案。
IEEE 世界物联网论坛	2017 年 11 月 5—8 日	智慧城市与国家	会议表彰新加坡在拥抱"智慧"(政策、原则和实践)方面所取得的进步,而物联网是其中的重要技术推动力。物联网世界论坛包括一项杰出的技术计划,该计划的特色是为学术界和研究界提供有关物联网的最新进展和经验。

名称	时间和地点	主题	备注 (时代背景介绍、会议形式、规模和与会者、举办机构简介、会议历史简介、重要主题的阐释)
WEEF 2017	2017 年 11 月 14—16 日，吉隆坡	协同合作时代	2017 年世界工程教育论坛（WEEF）是一个平台，可将工程教育者和领导人、行业、政府组织和 NGO 聚集在一起，形成卓有成效的长期合作关系，并与更大的国际工程教育界共同参与。
项目评估基础研讨会（ABET）	2017 年 11 月 18 日	同上	同上
大挑战学者项目网络会议（NAE-GCSP）	2017 年 11 月 28 日		
交互式移动通信、技术和学习国际会议（IAOE）	2017 年 11 月 30 日—12 月 1 日		IMCL 2017 是一项国际倡议的一部分，旨在在全球范围内推广技术增强型学习和在线工程。IMCL 2017 会议将涵盖移动学习的所有方面以及移动通信技术，基础设施和服务的兴起及其对教育、商业、政府和社会的影响。IMCL 2017 实际上旨在促进移动学习的发展，为教育和知识转移提供一个论坛，使学生接触最新的 ICT 技术，并鼓励在教学中学习和实施移动应用程序。会议还将激发教育者开发人员、研究人员、从业人员和政策制定者之间关于移动学习的理论、方法、原理和应用的批判性辩论。
AAEE 2017—第 28 届澳大利亚工程教育协会会议	2017 年 12 月 10—13 日，麦格理大学工程系主办，悉尼		

表 24 国际工程教育学会联盟 2018 年的会议及其他活动

名称	时间和地点	主题	备注 (时代背景介绍、会议形式、规模和与会者、举办机构简介、会议历史简介、重要主题的阐释)
ICTIEE 18—第五届工程教育变革国际会议（IUCEE）	2018 年 1 月 4—6 日		
IDEAL—评估领导力卓越发展研究所（ABET）	2018 年 1 月 8—11 日		IDEAL 是一个专业的发展机会，可以使参与者参与教学计划制订和实施评估计划，成为有效的评估领导者。
新兴经济体峰会	2018 年 1 月 14—16 日	随着成熟经济体在 2008 年金融危机后重新调整，新兴市场已占全球经济的一半以上，占全球增长的绝大部分。这些国家的大学校长现在面临的一个重要问题是，如何通过建立国际伙伴关系，培养毕业生和研究创新来最好地确保和维持其机构。同时，各国领导人正试图为其大学的繁荣创造最佳的稳定环境，以维持经济增长并教育比以往任何时候更多的学生。新兴经济体的高等教育机构是否可以从高增长率中受益，从而使其能够进一步实现联合国的可持续发展目标？他们能否巩固自己的社会价值，以便能够抵御未来全球环境或金融动荡带来的潜在风险？技术能否使新的机构模式发展起来，而这种模式将比 20 世纪的模式更强大？	与卡塔尔大学合作举办的《2019 年泰晤士高等教育新兴经济峰会》召集来自世界新兴经济体最重要研究型大学的领导人以及决策者和行业高管，以分享和加深对国际商机的机遇和作用的理解，以确保自己的未来并在国家发展中发挥关键作用。

名称	时间和地点	主题	备注 (时代背景介绍、会议形式、规模和与会者、举办机构简介、会议历史简介、重要主题的阐释)
世界物联网论坛(IEEE)	2018年2月5—8日	智慧城市和国家	同2017年11月的会议
InnovaHied 西班牙语 IGIP 认证计划	2018年2月19—23日		该 IGIP 认证计划将分两个阶段进行,第一个阶段是面对面的。第二个阶段是远程(8个月)"按我们所说的做",IGIP 命名为"走这条路"的方法,即应用各种教学方法(翻转学习、同伴学习、基于挑战的学习等)和以学生为中心的学习模型。
全球可持续发展目标7大会(教科文组织)	2018年2月21—23日,在联合国亚太经协会曼谷举办		是一次全球筹备会议,关注可持续发展,从消除贫困到健康、教育、供水和工业化方面的进步,再到应对气候变化。
第四届土木和计算机工程应用开发国际工程会议(IEC2018)	2018年2月26—27日,在伊拉克库尔德斯坦的埃尔比勒市,由 Ishik 大学和埃尔比勒理工大学联合举办	研究论文的主题包括(但不限于): 结构材料; 结构工程; 地震工程; 岩土工程; 环境工程学; 流体与水力工程。	
国际工业工程与运营管理会议(IEOM)	2018年3月6—8日		
世界工程组织联合会(WFEO)五十周年研讨会	2018年3月7日	通过工程实现联合国可持续发展目标	50年前,来自世界各地的50个科学技术协会的代表在教科文组织的主持下在巴黎开会,成立了 WFEO,该组织的章程是团结全世界的多学科工程协会。

续表

名称	时间和地点	主题	备注 (时代背景介绍、会议形式、规模和与会者、举办机构简介、会议历史简介、重要主题的阐释)
REV 2018 大会—智能产业与智能教育（IAOE&GOLC）	2018年3月21—23日	应用与经验;增强现实与混合现实;网络物理系统;网络安全;虚拟环境中的协同工作;人机交互与可用性;物联网与工业物联网;工业4.0;M2M概念;网络,边缘和云技术;在线工程;过程可视化与虚拟仪器;远程控制与测量;远程和人群感应	
网络研讨会:工程专业教育证书（IACEE）的未来	2018年3月22日		
可持续世界（ESW）工程师的年会	2018年4月5—8日	建筑模块,可持续发展的基础是什么？	ESW的年度会议汇聚了来自全国各地的学生和专业人士,以学习设计和领导技能,听取研究人员和专业人士就设计挑战进行协作,并结成一个更强大的社区。
2018年工程院院长（ASEE）	2018年4月8—11日		ASEE的年度工程院长研究所（EDI）为工程院长（也是唯一的院长）提供了一个收集和讨论其学校、学院和专业面临的关键问题的机会。ASEE促进了院长、行业领导者以及在研究和政府中起重要作用的人之间的对话。院长分享最佳实践,了解其毕业生的职业前景,并为工程教育和工程在社会中的作用发声。这些社交活动和充足的交谈时间可以促进人际关系的培养和丰富的经验。EDI由ASEE工程学院理事会及其执行委员会赞助。

名称	时间和地点	主题	备注 (时代背景介绍、会议形式、规模和与会者、举办机构简介、会议历史简介、重要主题的阐释)
2018 ABET 研讨会	2018 年 4 月 12—13 日	可持续发展	评估:通过分享参与者的框架和在此过程中获得的经验教训,突出显示计划评估中的最佳做法。 认证:分享参与者将 ABET 认证流程和程序纳入计划的独特经验。包括富有成效的技巧,并叙述对关键成功因素和预期挫折的看法。 可持续性:讨论参与者如何为学生做准备,以创建解决方案来应对气候变化,确保全纳教育和优质教育并减少不平等现象? 突出显示与 NAE 大挑战和/或联合国可持续发展目标(SDG)有关的所有项目。 多元化和包容性:有力的证据表明多元化和包容性可以释放创新并带来创新的竞争优势。讨论如何鼓励学生在观点,经验和思维各异的团队中工作?
教科文组织,ICEE 和清华大学理事会关于教科文组织十年报告的会议和讲习班	2018 年 5 月 8 日		
GEDC—无碳创新网络(CaFIN)研讨会	2018 年 5 月 14 日,加拿大麦克马斯特大学		2016 年会议期间,伊利诺伊理工学院、麦克马斯特大学、香港大学、圣母大学、首尔国立大学和 GEDC 领导层的工程院长签署了一项宣言,承诺致力于发展碳中和创新,从而刺激当地和国家经济并改善国家的福祉。伊利诺伊理工学院的 2018 年会议继续制订了 CaFIN 计划,并致力于扩大网络。

名称	时间和地点	主题	备注 (时代背景介绍、会议形式、规模和与会者、举办机构简介、会议历史简介、重要主题的阐释)
第四届食品工程,科学与技术研究与创新国际大会(ACOFI)	2018 年 5 月 16—18 日,卡利(哥伦比亚)市		会议致力于对农业食品部门参与者之间知识传播和对理论和实践的反思。
工业和系统工程师学会年会(IISE)	2018 年 5 月 19—22 日		该会议供工业和系统工程研究与从业人员交换知识、发现新认知。
AEDS—亚洲工程院长峰会	2018 年 5 月 21—23 日,日本东京	双学位/双学位课程;全球教育计划;学生流动性计划;教育技术(在线、存档、虚拟交流和混合学习);基于项目和问题的学习;跨文化互动计划;创业计划;实习计划;通过产业合作研究教育计划;招收国际学生和女学生	之前的会议记录: 2017 新南威尔士大学(澳大利亚) 2016 浙江大学(中国) 2015 新加坡国立大学(新加坡) 2014 北京大学(中国) 2013 延世大学(韩国) 2012 香港中文大学(中国) 2010 新加坡国立大学(新加坡)
第 16 届 IACEE 世界继续工程教育大会	2018 年 5 月 22—25 日	创新:继续教育模式的发展需求、产业—大学—专业人士、填补终身学习与组织发展之间的空白。参与者:跟上未来终身学习者的需求。	IACEE 是全球唯一致力于持续专业发展(CPD)和持续工程教育(CEE)的国际组织之一。
第十届欧洲工程院长公约(SEFI)	2018 年 5 月 27—29 日,挪威特隆赫姆的挪威科技大学	数字化与多样性	
2018 年理工学院峰会	2018 年 6 月 4—6 日,秘鲁利马 UTEC 大学	重点关注 4 个主题领域:1.数字时代高等教育的启示和挑战;2.产学合作;3.应用研究;4.设计,创新和跨学科性。峰会以全球知名教育领袖的主题演讲为特色。	

名称	时间和地点	主题	备注 (时代背景介绍、会议形式、规模和与会者、举办机构简介、会议历史简介、重要主题的阐释)
全球 EPICS 专题讨论会和讲习班	2018 年 6 月 11—15 日	会议形式是把 4 个小组聚集在一起,形成一组协作的研讨会、小组讨论和圆桌会议。这 4 个组是:新教师,讲师;专业人员;IEEE 志愿者和成员;行业合作伙伴和其他。	EPICS 是 IEEE 的一项签名计划,它使学生能够通过应用技术知识来实施针对社区个性化的解决方案,从而与本地服务组织合作。
国际工程界妇女日(WES)	2018 年 6 月 23 日	INWED 的主题是提高标准	
国际工程联盟会议	2018 年 6 月 24—29 日,伦敦		
美国工程教育学会年度会议和博览会(ASEE)	2018 年 6 月 24—27 日		
工程教育论坛(北航大学)	2018 年 7 月 7—8 日		
国际系统工程理事会国际研讨会(INCOSE)	2018 年 7 月 7—12 日	全球化时代的传送系统 Delivering Systems in the Age of Globalization	INCOSE 的年度国际研讨会是进行系统工程的人员的最大年度聚会,为期四天的演讲,形式有案例研究、讲习班、教程和小组讨论。
清华大学 IFESS-IIDEA 研讨会	2018 年 7 月 13—14 日	在工业 4.0 和中国制造 2025 时代,工程教育专业研究生培养面临的挑战	该会议由中国工程院(CAE)—清华工程教育中心(CTCEE)合作举办,在全球工程教育专家的协助下,研讨会将连续两天举行。
国际工程教育变革会议 AP 会议(IUCEE)	2018 年 7 月 15—17 日, R. V. R. Guntur 的 J. C. 工程学院		

名称	时间和地点	主题	备注 (时代背景介绍、会议形式、规模和与会者、举办机构简介、会议历史简介、重要主题的阐释)
第16届LACCEI国际工程、教育、技术和OAS美洲多国峰会	教育与融合的创新	教育与融合的创新。子主题分为工程教育(工程认证;评估与全球化;双重学位;证书课程和大学管理)等、工程研究与实践(生物技术;生物信息学和纳米技术等)。	
第九届国际创新技术研讨会(IIITEC)	2018年8月6—8日		
国际工程教育变革会议 AP会议(IUCEE)	2018年7月15—17日	材料教育领域	NAMES属于Granta Design在全球范围内的一部分座谈会。2018年北美研讨会提供了为期两天的会议,由材料教育领域的领导者和顶尖创新者主持。
第九届北美材料教育研讨会(Granta设计)	2018年8月16—17日,密歇根州安阿伯市	个性化学习:在以学生为中心的环境中提供多样化的课程	
日本工程教育学会年会(JSEE)	2018年8月29—31日	工程教育的国际合作——工程教育的价值创造	
GEDC—拉丁美洲会议	2018年9月10—11日,厄瓜多尔米拉格罗		全球工程学院理事会(GEDC-LATAM)的拉丁美洲分会汇聚了构成全球工程学院理事会(GEDC)的拉丁美洲和加勒比海地区的院长、其他学院、学校、大学或技术学院的院长。GEDC是国际工程教育学会联合会(IFEES)的一部分。GEDC-LATAM的任务是促进该地区的工程学院院长之间的合作,在GEDC中代表他们并促进该地区的工程教育、研究和社区服务的发展。

名称	时间和地点	主题	备注 (时代背景介绍、会议形式、规模和与会者、举办机构简介、会议历史简介、重要主题的阐释)
2018 工程教育会议(KSEE)	2018 年 9 月 13—14 日，韩国济州	工程教育与社会贡献	子主题为： 工程教育推广 弱势群体的工程教育 适当的技术、工程技术和道德 工程教育与可持续发展 工程教育与公民意识 一般工程教育 工程教育工作者的发展 MakerSpace 和工程教育 工程教育课程和教学课程 工程教育中的妇女和青年 在线工程教育
欧洲工程教育学会年会(SEFI)	2018 年 9 月 17—21 日	创造力、工程教育的创新和创业	组织背景为 SEFI 认可《联合国 2030 年可持续发展议程》，并支持《联合国可持续发展目标》
国际工程教育会议(ACOFI)	2018 年 9 月 18—21 日	工程学院的管理、质量与发展	EIEI ACOFI 2018 汇集了院长、学术和行政管理人员、教授和工程专业的学生,与生产部门、国家实体、协会和社团的代表进行互动,以研究、分析、辩论和反思管理和质量保证方面的实践。
工程教育与工业实践国际论坛（Quanser 和清华大学）	2018 年 9 月 24—25 日	设计面向未来和第四次工业革命的工程教育	会议主要特色包括： 1.亲身体验清华大学的各种观点和技术以及 21 世纪教育领导力的方法。 2.通过参观和示范,可以了解清华大学国际工程教育中心的先进工作。 3.探索和讨论相关的当代主题。围绕诸如工业 4.0、跨学科工程、可持续工程等关键主题的有效教学技术进行激烈讨论。 4.连接行业观点。直接听取国际和中国领先的行业主管的意见,了解未来行业的真正需求。 5.学习和分享全球学术最佳实践。最杰出的工程学院的高级教职员工将分享他们的经验和创新。

名称	时间和地点	主题	备注 (时代背景介绍、会议形式、规模和与会者、举办机构简介、会议历史简介、重要主题的阐释)
互动协作学习国际会议和 IGIP 国际工程教育学会议（IGIP 和 IAOE）	2018 年 9 月 25—28 日	教育数字化转型的挑战	所关注的主题包括：协同学习；终身学习；适应性和直观的环境；无所不在的学习环境；用于电子学习的语义元数据；移动学习环境应用；计算机辅助语言学习（CALL）；平台和创作工具；教育混搭；知识管理与学习；教育虚拟环境等。
第三届北美工业工程与运营管理会议（IEOM）	2018 年 9 月 27—29 日	在系统、服务和运营方面实现和维持卓越	IEOM 已成功地在达卡（2010）、吉隆坡（2011）、伊斯坦布尔（2012）、巴厘岛（2014）、迪拜（2015）、奥兰多（2015）、吉隆坡（2016）、底特律（2016）、拉巴特（2017）、英国布里斯托（2017）、波哥大（2017）和万隆（2018）召开会议。IEOM DC 事件将是第三届北美会议。
2018 年亚洲院长论坛	2018 年 10 月 4—7 日	工程中的新星女性	该研讨会由亚洲顶尖的工程学院举办，汇聚了来自世界各地工程学科的年轻女性专业人员。其中包括对探索和促进工程教育学术界感兴趣的学者、研究人员和工程师。会议进行了科学的、以就业为导向的有关亚洲女性工程教育领导者发展的讨论。联合举办的机构有香港科技大学、NUS、SEOUL、东京大学等。
互动移动通信、技术和学习国际会议(IAOE 和麦克马斯特大学)	2018 年 10 月 11—12 日	物联网的移动技术和应用	

名称	时间和地点	主题	备注 (时代背景介绍、会议形式、规模和与会者、举办机构简介、会议历史简介、重要主题的阐释)
基于问题的学习国际研究研讨会	2019 年 10 月 19—21 日，清华大学、奥尔堡大学和联合国教科文组织	工程教育中的创新、PBL 和能力	工程师需要新型的知识和能力来应对专业挑战，从各大可持续性问题、工业 4.0 或下一次工业革命、工程范式转变即可窥见一斑。基于问题的项目组织学习（PBL）是一种创新的学习方法，将真实的问题和实际的问题用作学习的出发点，不仅增强了工程基础知识，而且还增强了解决问题的技能、团队合作、沟通和批判性思维和通信。有研究显示，PBL 增强了毕业生的主动性、创新性和就业能力的素质，已被全球领先的大学所采用。
国际工业工程与运营管理会议（IEOM）	2018 年 10 月 29 日—11 月 1 日	面对 21 世纪多元技术革命的现实	此次是在南非比勒陀利亚举办的第一届非洲工业工程和运营管理国际会议。
2018 年全球学生论坛（SPEED）	2018 年 11 月 10—16 日		
WEEF-GEDC 2018 阿尔伯克基	2018 年 11 月 12—16 日，美国新墨西哥大学工程学院、伊比利亚—美国科学技术教育联合会（ISTEC）和全球创业与技术创新网络（GINET）共同举办		新墨西哥州阿尔伯克基成为第八届世界工程教育论坛（WEEF）、第十届全球工程院理事会（GEDC）、十五届全球学生论坛（GSF）、全球职业博览会（GCF）的主办城市。这是世界上最大的工程学教育聚会。同时这也是全球企业家挑战赛和一年一度的 ISTEC 大会。

名称	时间和地点	主题	备注 (时代背景介绍、会议形式、规模和与会者、举办机构简介、会议历史简介、重要主题的阐释)
第八届国际适用技术会议	2018 年 11 月 22—25 日	1. 促进基于知识的内生发展和相关创新的传播,以支持适当的技术(AT)实践。 2. 根据前现代和现代知识、以植根于适当的历史视角的方式识别、发起和合并 AT 贡献。 3. 通过认可、评估和重新使用本地基础的知识和实践,为 21 世纪的 AT 解决方案提供网络论坛。	本地化有用知识,不论是显性或隐性的,都是实现长期、可持续繁荣的最可靠基础之一。但是许多知识仍然未被充分认识和低估,来自其他地方的整体解决方案目前是可研究的。当今世界南半球尤其是非洲南部的许多人仍然缺乏清洁水、清洁能源、可靠的食物和营养以及安全运输的机会,同时还面临其他挑战。该会议从适当的技术角度探讨各种本地挑战,为更加多元化、多中心、公平、可持续和最终更公正的全球社区做出贡献。
第六届 IEEE MOOC 创新和技术教育国际会议	2018 年 11 月 29—30 日		MITE2018 的目的是为来自各个教育领域的、具有跨学科兴趣的院士和专业人员提供一个论坛,以促进创新和卓越的工程教育为主题,进行交流,共享知识并进行对话。
网络研讨会:生物工程—为学生应对现实生活中的挑战做好准备(Granta)	2018 年 12 月 4 日	向参与者展示 CES Edu-Pack 中的生物工程版是如何帮助学生理解特定材料在各大情景下的适用性	全球人口的寿命周期越来越长,对精密生物医学设备的需求也随之增长。其中重要的是要考虑产品整个生命周期中使用的材料。如从设计到测试,到监管部门的批准,再到生产和使用寿命终止。参与者可以学习到:

名称	时间和地点	主题	备注 (时代背景介绍、会议形式、规模和与会者、举办机构简介、会议历史简介、重要主题的阐释)
			1.受到实用思想的启发,使学生参与生物工程的材料选择; 2.查看针对生物材料的材料选择案例研究; 3.通过 CES EduPack 和 ASM Medical Devices 数据库了解可用于医疗器械教育和研究的数据; 4.了解 CES EduPack 软件如何在整个课程中支持与材料相关的教学。
IEEE 全球通信会议(Khalifa University)	2018 年 12 月 9—13 日	通往互联世界的门户	GLOBECOM 是 IEEE 通信协会的两次旗舰会议之一,致力于推动通信几乎各个方面的创新。每年超过 3000 名科学研究人员及其管理人员为计划在年度会议上举行的课程提出建议。会议有为期五天的原创论文演讲、教程、讲习班、主题演讲、演示、行业会议和社交活动。
fesTalk(麻省理工学院)	2018 年 12 月 13—15 日	工业 4.0	fesTalk 是由麻省理工学院工程学院与知名工业家联合组织的一项重要的国家级活动。目的是为研究学者、科学家、工业家和学者提供一个共同的平台,以探讨行业所面临的新兴趋势和挑战,并促进研究所与行业之间的研究关系。

表 25　国际工程教育学会联盟 2019 年的会议及活动

名称	时间和地点	主题	备注
ICTIEE 2019—工程教育变革国际会议（IUCEE）	2019 年 1 月 7—11 日		见往年简介
2019 年国际系统工程理事会国际讲习班（INCOSE）	2019 年 1 月 26—29 日，年度会议		INCOSE 的年度国际研讨会和其他会议不同，此次会议没有论文、小组讨论或教程演讲。取而代之的是参与者与系统工程师共同发挥作用。会议鼓励各个层次和背景的系统工程师参加工作会议，贡献他们的知识和经验以推动该学科的发展。
REV 2019—第16 届远程工程和虚拟仪器国际会议（IAOE）	2019 年 2 月 3—6 日	网络物理系统和数字孪生	见往年简介
第九届工业工程与运营管理国际会议（IEOM）	2019 年 3 月 5—7 日	泰国曼谷	见往年简介
ASEE 东南部会议	2019 年 3 月 10—12 日		ASEE-SE 会议面向工程教育感兴趣的所有人，包括教师、学生、系主任、院长和行业领导者。
EDUCON 2019—IEEE 全球工程教育会议	2019 年 4 月 9—11 日		见往年简介
第八届软件和信息工程国际会议(IGIP&IAOE)	2019 年 4 月 9—12 日，埃及开罗		2019 年第八届软件和信息工程国际会议（ICSIE 2019）由埃及大英大学联合举办，ICSIE 2019 将提供学术界和行业感兴趣的广泛项目。会议内容包括主旨演讲和为期四天的平行会议、开罗城市访问等。演讲旨在提高技能和提高对需求工程实践的认识。ICSIE 是一项年度活动，重点关注与数字信息、通信、网络技术和多媒体有关的最新技术。

名称	时间和地点	主题	备注
ICNT 2019—第二届网络技术国际会议(IGIP 和 IAOE)	2019 年 4 月 9—12 日		ICNT 2019 将为学术界、政府和行业提供广泛的兴趣计划。它将包括几位杰出的主旨演讲者和为期三天的平行会议、开罗城市访问等。演讲旨在发展技能并提高对需求工程实践的认识。
2019 ABET 研讨会	2019 年 4 月 10—13 日	"网络一代",重点关注网络安全。我们如何为学生和毕业生做好准备?如何建立一个好的网络连接的系统让软件和数据免受网络攻击的挑战,以应对当前和未来?	
第十一届国际材料教育研讨会(格兰塔)	2019 年 4 月 11—12 日	与工程、设计和工程学中的材料教学有关的想法、工具和最佳实践	这些活动由以下机构协调:Granta Design、专题讨论会学术咨询委员会。并在以下学校举办:剑桥大学、麻省理工学院、加州大学伯克利分校、新加坡国立大学、SUTD 和上海交通大学。
CoNECD—2019工程和计算多样性协作网络(ASEE)	2019 年 4 月 14—17 日		

名称	时间和地点	主题	备注
美洲商业化和技术转化中心（美洲国家组织）	2019 年 5 月 6—11 日		组织的目标如下： 1. 将专业人员、机构领导人以及知识和商业化方面的领导人与来自国家组织和其他成员国的专业人员和机构联系起来，以扩大在这些问题上的伙伴网络和战略性区域合作。 2. 促进机构和专业人员之间在国际背景下（以美洲为重点）交流经验，以管理技术的商业化和技术转化。 3. 加快美洲创新生态系统与企业家精神之间的多向联系。 4. 补充和分享专业人员和区域领导人在使用知识产权和技术的知识和经验；设计和实施基于技术的业务模型；技术的估值和盈利能力分析；技术开发和验证；市场营销策略；营销工具；对经济和社会影响的考虑；价值链以及区域和全球市场。 5. 在技术融入价值链的基础上，促进增值的产生和美洲经济的多元化。
工业和系统工程师学会年会（IISE）	2019 年 5 月 18—21 日		演讲涵盖该行业的整体内容，而不是专门研究或应用解决方案。

名称	时间和地点	主题	备注
第十一届美洲创新与创业竞争力交流会	2019 年 5 月 18—25 日	展示来自特定地区或国家的企业家精神、创新、战略投资和公司伙伴关系成功的第一手实例,这些实例有助于国家和地区的经济发展	该活动吸引了来自美洲及其他地区的 50 位决策者进行为期一周的巡回演出。在该计划期间,参与者将乘坐定制的包车经过近 12 个城市,在 30 多个地点停车。这些站点由创新中心、领先公司、学术机构和研究中心组成。每次访问都提供了一个独特的机会,可以探索本地和区域经济发展模式,分享经验和知识,并在本地和来访的利益相关者之间建立网络,以增强美洲及其他地区的创新和竞争力。本地和区域主持人准备演讲、讨论会、徒步旅行和社交活动,以创建多向协作渠道,供参与者探索互惠互利的合作机会,并与主办地点和 ACE 领导者交流有关创新和创业的良好实践。
2019 年第 14 届区域工程教学会议(IPW)	2019 年 5 月 23—25 日		在"数字化/自动化"的背景下,工作和技术教育的世界正在不断变化。一般性主题和工程课程内容还有待讨论。工程教育的新概念在世界范围内得到发展并不断修正。数字化教学元素的整合改变了讲师的角色,课堂教学的重要性被重新认识。教育和培训开启了有关自主学习和在场学习的新意义的改革。所以哪些使用(数字)媒体技能是必要的?哪些技能只是权宜之计?哪些是有发展前景的?

名称	时间和地点	主题	备注
欧洲工程院长会议2019（SEFI）	2019年5月26—29日	探讨工程机构中大学业务合作的多种观点	目的包括阐明欧洲工程院校中大学业务合作的战略和实践模式，探讨有关离职和离职人员流动的困境，并为专业人员和工程学院院长之间建立对话的桥梁。
第九届亚洲工程院长峰会	2019年5月29—31日	全球教育和创新技术	教育日益全球化，同时长期以来高等教育一直被赋予教育创新学生的任务。没有比让学生沉浸在创新校园中更好的教育学生创新的方法。 本次峰会涉及的主题包括： 全球教育计划和学生流动性； 基于AI的教育技术； 绿色技术与可持续环境； 创新技术与企业家精神； 与产业合作的国际研究中心； 招收国际学生和/或女学生。
全国工程大会	2019年6月5—7日	工程师培训	要解决的主题与CNI的总体主题保持一致：教育创新、与环境的联系（社会影响）
国际工程联盟会议	2019年6月9—14日，香港九龙		
2019年全球EPICS专题讨论会和研讨会	2019年6月12—14日		EPICS继续进行了前20年的EPICS成员研讨会和聚会形式，详细请查看2018年、2017年的简介。
第126届年会暨博览会	2019年6月15—19日		ASEE致力于促进思想交流，改进教学方法和课程，并为工程和技术教育利益相关者（例如院长、教职员工以及行业和政府代表）提供主要的交流机会。这次会议有400多个技术会议，其中涉及工程教育所有学科的同行评审论文。

名称	时间和地点	主题	备注
国际工程界妇女日(WES)	2019 年 6 月 23 日		国际工程中的女性日是由女性工程学会(WES)发起的一项国际意识运动,旨在提高女性在工程中的知名度,并将注意力集中在为女孩提供最佳的职业机会上。
IEEE 关于土木与计算机工程应用开发的国际工程会议(迪什克国际大学)	2019 年 6 月 23—24 日,库尔德斯坦地区—伊拉克的埃尔比勒市		该活动由 Tishk 国际大学工程学院和埃尔比勒理工学院联合举办。IEC 2019 由 IEEE 技术支持,由 IEEE 伊拉克分部代表。来自国际社会的研究人员将发表演讲(主旨演讲者的演讲和最新的演讲)。
2019 国际工程教育论坛(北京航空航天大学)	2019 年 6 月 28—29 日	培养 21 世纪的工程领导者	在当今快节奏和变化驱动的环境中,对于工程组织来说,确保具有工程技术人才迅速担任领导职务变得越来越重要。由于许多工程师必须在其职业生涯的某个时刻接任领导职务,因此工程学校正在制订和实施工程领导力计划,以向学生提供工程领导能力。这些计划不仅包括关于工程领导力的研讨会和讲座,而且还包括经验(动手)学习以及与行业领导者的互动。本论坛的目标是希望编制的计划使参与者能够学习成功的世界一流工程领导力。论坛的演讲者将回答以下问题:为什么要进行工程领导力计划? 该计划的组成部分是什么? 进入该计划的标准是什么? 学生完成要求需要多长时间? 学生从事什么样的经历? 如何评估领导能力? 论坛还将提供与演讲者和与会者就所讨论主题进行互动和讨论的机会。

续表

名称	时间和地点	主题	备注
工程教育专题讨论会（REEN & SASEE）	2019 年 7 月 10—12 日		
ISIT 2019—国际创新技术研讨会（IIITEC）	2019 年 7 月 22—24 日		研讨会以一系列杰出的演讲者、技术会议和海报的形式，介绍世界各国的创新与技术促进可持续发展的重要主题。
第 17 届拉丁美洲和加勒比工程机构国际工程，教育和技术多方会议（LACCEI）	2019 年 7 月 24—26 日	可持续城市和社区的产业、创新和基础设施	工程教育主题包括： 认证、评估与工程全球化 双学位、证书课程与大学管理； 加强本科教育与课程改革 招聘、留用、多样性、外联方案和创业精神； 教与学、网络学习与远程教育技术； 工程研究与实践； 生物技术、生物信息学和纳米技术； 能源、水与可持续工程； 工程设计、工程材料与工程创新； 工程基础设施、建筑工程、物流和运输； 信息技术、技术管理、道德、技术和社会； 项目管理、服务工程、生产工程和产品寿命管理； 软件工程、电信、网络安全和计算工具。
第九届拉丁美洲图书馆和数字存储库国际会议（ISTEC）	2019 年 7 月 30—8 月 2 日		BIREDIAL-ISTEC 会议致力于讨论、分析、推动组织性、国家性、区域性的知识开放，并提高拉丁美洲的学术知名度。该活动目的是分享知识、学习先进经验并且建立区域间的联系。主题有关开放研究数据和公共数据的管理和获取、机构和主题资料库的管理、版权以及研究的可重复性。
IDEAL—评估领导力卓越发展研究所（ABET）	2019 年 8 月 5—8 日		

名称	时间和地点	主题	备注
第十届北美材料教育研讨会（Granta 设计）	2019 年 8 月 8—9 日，加利福尼亚州斯坦福市的斯坦福大学	个性化学习；在以学生为中心的环境中提供多样化的课程	
计划评估研讨会（ABET）基础	2019 年 8 月 14 日	这次介绍性互动会议的重点是设计课程的教学目标，使学生的成绩可衡量，创建指标并分析评估数据	该研讨会旨在提供开发评估流程的工具。
Hague 和平工程①暑期研究营	2019 年 8 月 19—23 日，荷兰海牙 Hague	应用科学和工程原理促进和支持和平	2019 年暑期学院。会议邀请这一新兴领域（20~30 岁）的一些主要贡献者参加 2019 年 8 月 13—18 日在海牙举行的和平工程（PE）创始研讨会。讲习班的目标有四个方面：（1）召集一个对和平工程感兴趣的多学科参与者小组，以帮助确定和启动这一领域；（2）审查与 PE 有关的现有方案和活动；（3）开始将教育纳入学术界、私营部门、公共部门和民间社会的教育、研究和外联部分；（4）为 2019—2020 年及以后的和平工程实践社区制订一项行动计划。讲习班包括主题演讲、分组讨论和案例研究的介绍。会议内容说明和平工程在处理复杂问题方面的广泛应用，既包括与联合国可持

---

① 在过去的五年中，人们对和平工程领域产生了新的兴趣。这个概念由 Aarne Vesilind 于 2005 年首次提出，他将其定义为"积极利用工程技术来促进所有人的和平与公正生存"。国际教育工程学会联合会（IFEES）提出的另一种定义将和平工程视为"应用科学和工程原理促进和支持和平"。它认识到工程专业对"繁荣、可持续发展、社会公平、企业家精神、透明度、社区呼声和敬业度以及繁荣的文化蓬勃发展的世界"的重要性。和平工程是一个独特的平台，可以强调工程专业在以多学科和全球方式应对 21 世纪人类面临的许多复杂挑战的建设和平方面的重要性。这些挑战的例子包括：气候变化；国家和全球人口增长和移民；快速城市化；水、能源、土地和粮食资源的安全和透明；获得住所、保健和教育的机会；运输和通信服务；灾害风险和应急管理；环境保护和自然资源管理；跨界和容易发生冲突的地区的资源管理。

名称	时间和地点	主题	备注
			续发展目标、跨界问题和暴力冲突有关的预期领域,也包括工业本身出乎意料的积极应用。会议支持鼓励新的和平工程团体或社会的创始。
日本工程教育学会年会	2019年9月4—6日		在年会上,除了进行工程教育研究讲座和国际会议以外,还将举行颁奖典礼、专题演讲、专题讨论会、设备展览和交流活动。
国际工程教育大会和第二届拉丁美洲工程大会(ACOFI)	2019年9月10—13日	数字时代的工程师培训挑战	
国际系统工程委员会(INCOSE)	2019年9月11—13日,法国比亚里茨		以人为中心的设计(HCD)和系统工程(SE)的结合是一个高度参与和渐进的过程。
2019年PLM学术日:研究教学和职业教育(西门子)	2019年9月12—13日		PLM学术日会议是研究、教学和职业教育部门信息交流的重要平台。
欧洲工程教育学会年会(SEFI)	2019年9月16—19日		自由、开放和创造力决定了数字经济的发展。开放内容和渠道有助于保持交互性创造力的可持续发展。新一代的学习技术和网络无处不在且可便携,从而改变了学习的获取和运转方式。人工智能、学习自我分析、自适应学习、新证书、同伴(peer)学习、用户生成的内容、评估革命等主题是新领域。
巴西工程教育大会和国际工程教育研讨会(ABENGE)	2019年9月17—19日	全球化4.0背景下的工程能力培训	这是ABENGE自1973年以来每年举行的一次活动。

名称	时间和地点	主题	备注
第七届非洲工程教育协会国际会议(AEEA)	2019年9月24—27日	提供针对工程教育中常见问题的解决方案	由于培训机构固有的困境,大多数非洲大学的毕业生可能参加全球竞争。学界需要解决的问题是如何以有限的资源来培养全球工程师,以拥护创新、企业家精神和可持续发展理念中的特质。会议将就如何利用精益资源进行生产,具有必要技能和方向并可以在全球竞争的工程师进行探讨。会议将与"非洲创新,教学法和工程学学术领导力应用"研讨会一同举行。
交互式协作学习国际会议(IGIP)	2019年9月25—27日	交流相关趋势和研究结果;交互式协作学习和工程学教学法中的实践经验的介绍	设计的领域:互动式协同学习;工程教学法;21世纪学习;技术与工程教育;信息通信技术。
第十四届国际CIO学院年度会议	2019年9月25—27日	信息和通信技术有潜力为当今挑战和机遇做出贡献,包括老龄化社会和自然灾害	会议聚集了政府、私营部门和学术界的参与者。这些会议是面向实践的研究,其讲座和演讲包括政府领导人、私营部门高管和非政府组织领导人的战略和实践讲座和演讲,以及学者进行的与研究相关的演讲。
ITHET 2019—基于信息技术的高等教育和培训(IEEE,联合国教科文组织)	2019年9月6—27日		ITHET 2019将继续以往活动的传统主题。下届ITHET将以"工作室"学习为主题,基于"工作室"的学习定义为从基于"内容"的学习到基于"查询"的学习,再到基于"Studio"的学习发展。第一,老师选择学生应该知道的问题和答案。第二,我们选择问题,学生找到答案。在"工作室"方法中,学生必须自己发现问题,并找到这些问题的答案。以此锻炼学生的知识和技能表达为能力。

续表

名称	时间和地点	主题	备注
2019 年拉丁美洲创新拉力赛（CONFEDI 和 ANFEI）	2019 年 10 月 4—5 日		竞赛提出解决挑战的方法,这些挑战将都需要创造性解决方案,这不仅限于技术范围,还应属于活动的多个领域涉及社会、环境、组织、艺术、物流或其他主题。会议流程是:1.团队精心设计并提出创意解决方案;2.法官评估解决方案;3.最佳解决方案重点介绍。拉丁美洲创新拉力赛将在组织的三个级别的每个级别中授予两个类别的荣誉(创新和社会影响)。
CIAF-持续改进评估论坛（ABET）	2019 年 10 月 11—12 日		参与者在两天的时间里共同开展一系列活动,包括简短的"最佳实践"演讲、计划评估计划的同行评估以及团队材料的自我评估。与其他 ABET 研讨会不同,CIAF 使与会者有机会携带自己的评估材料进行审核。每个团队都有机会收到同行对他们当前流程和改进计划的反馈,而经验丰富的协调员会在整个计划中提供指导。这个论坛强调计划的团队合作和参与,不能接受个人注册。为了发挥最大作用,团队应由三名成员组成,但不得超过五名,并且必须一起注册。为了获得最佳体验,举办方建议至少有一个团队成员参加"基础评估"研讨会或"卓越评估发展研究所"(IDEAL)。

名称	时间和地点	主题	备注
计划评估研讨会(ABET)基础	2019 年 10 月 18 日	设计课程的教学目标，使学生的成绩可衡量，创建指标并分析评估数据	
高级计划评估研讨会(ABET)	2019 年 10 月 18 日	计划评估知识的基础	这次互动式研讨会旨在完善一个已经很扎实的评估流程，旨在分析概念模型的要素以进行持续改进，这些活动将明确定义的学生成果的特征。该研讨会的对象要求是至少在六个月前参加过"计划评估基础"或 IDEAL 的人员。
GEDC 2019 圣地亚哥	2019 年 10 月 20—23 日		
新星：工程中的女性工作坊（亚洲教务长论坛）	2019 年 10 月 24—27 日		
WEEF 2019 钦奈	2019 年 11 月 13—16 日	子主题： 1. 以学生为中心的颠覆性范式； 2. 工程教育过程的颠覆性范式； 3. 机构与企业交互关系的颠覆性范式； 4. 颠覆性技术； 5. 颠覆性带来的社会经济发展。	颠覆性工程教育是一种创新的过程，在现有实践中实现范式的飞跃，为可持续发展带来简单、方便、可获得性和可负担性。该教育过程包括发现问题，抛弃基本思维，通过颠覆来解决问题。
IESS 国际工程专业学生峰会	2019 年 11 月 13—16 日	学习技术的变革	与钦奈 WEEF 共同举行。这是一个平台，供全球各个工程学科的学生聚集在一起，讨论紧迫的问题并制订行动计划。此外，IESS 提供了机会讨论目前教育的变化，以提升和促进当前农村和城市地区教育形式的发展。

名称	时间和地点	主题	备注
澳大利亚世界工程师大会（WFEO）	2019年11月18—24日		澳大利亚工程师协会是世界上最大的工程专业协会之一,代表所有工程学科,并积极参与认证和设定工程教育的国际标准。澳大利亚工程师协会是世界工程组织联合会(WFEO)的会员。WFEO是国际工程机构的高峰机构,代表了90多个国家和2000万工程师。这是澳大利亚工程师协会和WFEO首次在澳大利亚共同举办一项会议。会议每四年举行一次,是"工程奥林匹克"。代表们将有一个难得的机会来聆听来自世界各地经验丰富的工程领导者分享技术和领导力主题。
ICBL2019—交互式协作和混合学习国际会议(IAOE)	2019年11月19—21日		混合学习仍然是教学领域中最有前途的方法之一,传统的学习技术以生产性方式与创新形式(例如电子学习、移动学习、虚拟现实和开放式)结合在一起在线学习。会议邀请作者提交有关交互式协作和混合学习所有领域的原创和未发表研究的论文。提交的论文可以包括完整的、进行中的或理论研究工作的描述;案例研究和评论性文章也受到鼓励。
第十届欧洲土木工程学院协会研讨会(AECEF)	2019年11月20—22日	土木工程教育中产学合作	

表 26　国际工程教育学会联盟 2020 年的会议及活动

名称	时间和地点	主题	备注 (时代背景介绍、会议形式、规模和与会者、举办机构简介、会议历史简介、重要主题的阐释)
工程教育变革国际会议(IUCEE)	2020 年 1 月 5—8 日,海得拉巴的 Anurag 机构集团	1. 教学过程中的创新 2. 基于项目的学习 3. 成果教育 4. 创业精神 5. 行业与机构的互动 6. 管理与行政 7. 政府政策 8. 社会影响	ICTIEE 2020 将把来自印度各地的工程教育者与来自世界各地以及来自行业的领导者联系起来,以培养卓越的工程教育。参与者将能够分享最佳实践从而改进自己的机构,以培养能够应对全球挑战以及印度政府有针对性的计划的工程专业毕业生。会议包括论文演讲、讲习班、主题演讲、全体会议和小组讨论。
ICAN 2020 印度—中国台湾的计算,分析和网络国际会议 (Chitkara 大学)	2020 年 2 月 7—8 日,中国台湾嘉义; 2020 年 2 月 14—15 日,印度拉杰普拉	移动云计算、大数据分析和网络安全	
REV 2020 第 17 届远程工程与虚拟仪器国际会议(IAOE)	2020 年 2 月 26—28 日	工程中的跨现实和数据科学	REV 是国际在线工程协会(IAOE)和全球在线实验室协会(GOLC)的年度会议。REV 2020 是第 17 届有关在线工程、网络物理系统和物联网(包括远程工程和虚拟仪器)领域的一系列年度会议活动。
IMES 2020 第十二届国际材料教育研讨会(Granta)	2020 年 4 月 2—3 日,剑桥大学		剑桥活动是全球三个座谈会系列活动之一。

名称	时间和地点	主题	备注 (时代背景介绍、会议形式、规模和与会者、举办机构简介、会议历史简介、重要主题的阐释)
EDUCON 2020 IEEE 全球工程教育会议	2020 年 4 月 28—30 日,在线活动	多元文化和智慧世界中面向未来的工程教育	此次是第十一届会议,该会议在 IEEE 区域(欧洲,中东和北非)之间轮流举行。
第十七届国际继续工程教育协会世界会议(IACEE)	2020 年 5 月 26—29 日,挪威科技大学(NTNU)		
ASEE 年度虚拟会议和博览会(American Society for Engineering Education)	2020 年 6 月 20—24 日		目的是为工程和技术教育利益相关者(例如院长、教职员工以及行业和政府代表)提供主要的交流机会。这次会议有 400 多个技术会议,其中涉及工程教育所有学科的同行评审论文。
EMONA 网络研讨会	2020 年 6 月 25 日		IFEES-GEDC 作为在线工程教育社区的成员,EMONA 最近应邀在网络研讨会上进行了现场演示,演示了其远程实验室产品组合,用于教学电子、信号和系统以及电信。
"赋予全电气社会权力"会议	2020 年 7 月 14 日		目标是产出可再生能源产生的电能,实现 CO_2 中性的未来图景。会议解释全电气学会的愿景,并介绍 Phoenix Contact 的公司的实施策略。

名称	时间和地点	主题	备注 (时代背景介绍、会议形式、规模和与会者、举办机构简介、会议历史简介、重要主题的阐释)
IRSPBL 2020 第八届 PBL 国际研究研讨会(奥尔堡大学和联合国教科文组织)	2020 年 8 月 16—18 日,丹麦奥尔堡	面向未来的教育:PBL,可持续性和数字化	会议关注的有: 可持续性和跨学科性; 民主、多样性与社会进步; 数字化学习策略; 变更管理; 课程设计; 产生创新和跨学科的知识和实践; 评估方法; 各种问题、项目和学习空间; 在 PBL 环境中的便利化; 混合式 PBL 学习环境; PBL 与企业家精神; 持续专业发展的 PBL。
IRSPBL 2020 第八届 PBL 国际研究研讨会(奥尔堡大学)	2020 年 8 月 16—18 日	混合学习、跨学科学习、个人和协作学习、学科和连贯的教育模式	会议讨论未来混合学习模型和环境吸引,以及如何更好地与学生互动,从而挑战、转变和扩展当前的实践。
ICL2020 互动协作学习国际会议(IGIP)	2020 年 9 月 23—25 日		
WEEF-GEDC 2020	2020 年 11 月 16—19 日,南非开普敦		WEEF 会议由 IFEES 领衔、各个工程教育机构联合举办,其凝聚着来自全球的工程教育领导者的心血,也是促进 IFEES 使命达成的重大事件。不仅国际组织从论坛中受益匪浅,当地组织也获得了更高的知名度,有机会与国际工程教育组织合作。

名称	时间和地点	主题	备注 (时代背景介绍、会议形式、规模和与会者、举办机构简介、会议历史简介、重要主题的阐释)
			IFEES 自 2010 年起在世界各地举办世界工程教育论坛(WEEF)。在偶数年，该会议与全球工学院长理事会(GEDC)联合召开。采用线下的方式开展。来自世界各地的教育领导者、教育研究者参与，所讨论的议题具有时代引领性。

表 27　亚太工程组织联合会组织机构/成员及职能分工表

部门	职责
大会	(1)任命主席,通常是在位副主席; (2)选举副主席和三名成员为执行委员会成员; (3)任命包括秘书长在内的常设秘书处,由一名成员担任东道国,任期五年; (4)任命它认为有必要进行和管理联合会工作的任何委员会; (5)审查联合会委员会开展的工作; (6)根据执行委员会的建议,确定成员每年应缴的款额; (7)审核联合会自上次大会常会以来的账目; (8)应执行委员会的请求,审查对"宪法"的拟议修正案,并通过其批准的修正案
执行委员会	(1)选举委员会副主席和执行委员会其他成员的安排; (2)考虑 FEIAP 成员的申请和辞职,并向大会提出建议; (3)审议 FEIAP 成员提交的提案,并酌情向大会提出建议; (4)审查秘书长关于 FEIAP 的活动和财政情况的报告,特别是为执行大会的决定而采取的措施; (5)监察 FEIAP 的财务表现;

部门	职责
	(6)审查活动计划和预算; (7)拟订供大会审议的关于国际经济技术伙伴关系委员会成员年度捐款的建议; (8)委任审计师对 FEIAP 进行年度财务审计; (9)选择工程成就奖的获奖者,但代表 FEIAP 成员的执行董事会成员不得参与对提名的评估或对获奖者的选择; (10)任命一名审核员审查评价和选择过程及结果; (11)确定大会下次会议的日期和地点; (12)其他经主席批准的业务
秘书处	(1)组织和管理联合会的会议; (2)执行联合会会议的决定; (3)编制联邦预算草案; (4)汇编和传播适当的信息; (5)编写和发行出版物; (6)协助成员获取信息; (7)管理联邦的财产和资金; (8)为主席、副主席和执行委员会其他成员的提名做出充分和适当的安排; (9)在主席或副主席缺席或执行委员会指示时代表联合会
工作组	向各执行委员会和大会报告进展情况
常务委员会	向各执行委员会和大会报告进展情况
主席、副主席和刚刚卸任的主席	(1)主席:主持执行委员会和大会的所有会议;指导执行大会和执行委员会通过的所有政策;在功能上代表 FEIAP;执行大会和执行委员会可能指派的其他职责和职能。 (2)副主席:协助主席,并在主席缺席或无法履行职责时,承担主席的职能。 (3)前主席:担任执行委员会成员,任期两年。为确保连续性,大会认为有必要,可将任期再延长两年
秘书长	联合会设秘书长一人。作为联合会的首席执行干事,秘书长还应负责:秘书处的行政和监督;履行执行和促进联合会的目标、政策和指示所需的职责

表 28　亚太工程组织联合会合作伙伴

	合作方	合作内容/领域	合办会议
其他组织	联合国教科文组织南南合作国际科技创新中心（ISTIC）	（1）《ISTIC-UNESCO关于联合国 2016—2030年发展议程的国际会议/论坛/研讨会纲要》；（2）支持在亚太和非洲开展工程教育资格认证和工程师流动方面的南南合作；（3）亚太区及非洲工程教育、资历及工程师流动的区域认证。	吉隆坡会议（马来西亚首都）
	全球科学院网络（IAP）THE global network of science academies	《ISTIC-UNESCO 关于联合国 2016—2030 年发展议程的国际会议/论坛/研讨会纲要》	吉隆坡会议（马来西亚首都）
	东盟工程组织联合会（AFEO）	（1）城市发展中的综合公共交通系统；（2）电机、电子机械、信息与通信技术工程；（3）可持续基础设施设计的工程与技术；（4）化学与环境工程发展；（5）发展中国家的工程教育和妇女工程。	第 33 届东盟工程组织会议（AFEO）和第 7 届 FEIAP 执行委员会会议；第 36 届东盟工程组织会议（AFEO）和第 10 届 FEIAP 执行委员会会议
	世界工程组织联合会（WFEO）	信息和通信技术（ICT）的发展	第 26 届 FEIAP 大会和 MSPC 研讨会及展览 WFEO-CIC 研讨会
	亚洲太平洋地区的学生联盟（APSC）		2018 亚太数字技术研讨会:未来是数字化的

	合作方	合作内容/领域	合办会议
国家政府/部门	马来西亚科学技术创新部（MOSTI）	《ISTIC-UNESCO 关于联合国 2016—2030 年发展议程的国际会议/论坛/研讨会纲要》	吉隆坡会议（马来西亚首都）
	马来西亚国际贸易与工业部（MITI）		2018 亚太数字技术研讨会:未来是数字化的
	马来西亚对外贸易发展局（MATRADE）		2018 亚太数字技术研讨会:未来是数字化的
	马来西亚数字经济发展机构（MDEC）		2018 亚太数字技术研讨会:未来是数字化的
	马来西亚工业发展局(MIDA)		2018 亚太数字技术研讨会:未来是数字化的
产业	马来西亚服务供应商联盟（MSPC）		第 26 届 FEIAP 大会和 MSPC 研讨会及展览与 WFEO-CIC 研讨会
	华为		2018 亚太数字技术研讨会:未来是数字化的
	马来西亚信托基金（MFIT）	支持在亚太和非洲开展工程教育资格认证和工程师流动方面的南南合作	
大学机构	马来西亚科学院（ASM）	《ISTIC-UNESCO 关于联合国 2016—2030 年发展议程的国际会议/论坛/研讨会纲要》	吉隆坡会议（马来西亚首都）
	发展中世界工程技术科学院（AETDEW）		2018 亚太数字技术研讨会:未来是数字化的
	东盟工程与技术科学院（AAET）		2018 亚太数字技术研讨会:未来是数字化的
	西北工业大学(NPU)		第 27 届 FEIAP 全体大会和第 5 届国际学术研讨会

表 29　亚太工程组织联合会历届全体大会

日期	事件	地址	主办方
1978 年 7 月 3—8 日	第 1 届全体大会	泰国,清迈	联合国教科文组织(UNE-SCO)和泰国工程学会(EIT)
1980 年 4 月 7—8 日	第 2 届全体大会	马来西亚,吉隆坡	马来西亚工程师学会(IEM)
1982 年 4 月 20—21 日	第 3 届全体大会	印尼,雅加达	印度尼西亚工程师学会(PII)
1984 年 5 月	第 4 届全体大会	韩国,昌原	韩国专业工程师学会(KPEA)
1987 年 10 月 15 日	第 5 届全体大会	中国,香港	香港工程师学会(HKIE)
1990 年 2 月 17 日	第 6 届全体大会	新西兰,惠灵顿	新西兰专业工程师协会(IPENZ)
1992 年 2 月 26—29 日	第 7 届全体大会	菲律宾,马尼拉	菲律宾技术委员会(PTC)
1994 年 4 月	第 8 届全体大会	澳大利亚,墨尔本	澳大利亚工程师协会(EA)
1996 年 4 月 29 日	第 9 届全体大会	中国,北京	中国科学技术协会(CAST)
1998 年 4 月 2—3 日	第 10 届全体大会	日本,东京	日本专业工程师协会(IPEJ)
2000 年 3 月 16—19 日	第 11 届全体大会(FEISEAP)	马来西亚,吉隆坡	马来西亚工程师学会(IEM)
2003 年 10 月 21 日	第 12 届全体大会(FEISEAP)	印尼,日惹市	印度尼西亚工程师学会(PII)
2005 年 8 月 12 日	第 13 届全体大会(FEISEAP)	印尼,雅加达	印度尼西亚工程师学会(PII)
2007 年 11 月 26 日	第 14 届全体大会(FEISEAP)	菲律宾,宿务岛	菲律宾技术委员会(PTC)
2008 年 6 月 2 日	第 15 届全体大会(FEISEAP)	越南,河内	越南科学技术协会联盟(VUSTA)
2008 年 11 月 25 日	第 16 届全体大会(FEISEAP/FEIAP)	泰国,曼谷	泰国工程学会(IET)
2009 年 12 月 1 日	第 17 届全体大会	新加坡	新加坡工程师学会(IES)
2010 年 12 月 2 日	第 18 届全体大会	越南,河内	越南科学技术协会联盟(VUSTA)
2011 年 10 月 5 日	第 19 届全体大会(FEIAP 第 1 届国际研讨会)	新加坡	新加坡工程师学会(IES)
2012 年 5 月 17 日	第 20 届全体大会暨杰出讲座之夜	韩国,首尔	韩国专业工程师学会(KPEA)

日期	事件	地址	主办方
2013 年 5 月 9 日	第 21 届全体大会（FEIAP 第 2 届国际研讨会）	印度,海得拉巴	印度工程师学会(IEI)
2014 年 5 月 29 日—6 月 2 日	第 22 届全体大会暨杰出讲座之夜	中国,北京	中国科学技术协会（CAST）
2015 年 7 月 7 日	第 23 届全体大会（FEIAP 第 3 届国际研讨会）	中国,台北	中国工程师学会（CIE）和中国台湾工程教育学会（IEET）
2016 年 7 月 6—9 日	第 24 届全体大会暨杰出讲座之夜	澳大利亚,西珀斯	澳大利亚工程师协会（EA）
2017 年 5 月 17 日	第 25 届全体大会（FEIAP 第 4 届国际研讨会）	巴基斯坦,伊斯兰堡	巴基斯坦工程委员会(PEC)和国立科学技术大学(NUST)
2018 年 7 月 11—13 日	第 26 届全体大会和 MSPC 研讨会及展览与 WFEO-CIC 研讨会	马来西亚,霹雳州	马来西亚工程师学会(IEM)和马来西亚服务供应商联盟（MSPC）协办方:世界工程组织联合会信息和通信常务委员会(WFEO-CIC)、印度工程师学会（IEI）
2019 年 3 月 28—30 日	第 27 届全体大会（FEIAP 第 5 届国际研讨会）	中国,西安	中国科学技术协会（CAST）和西北工业大学（NPU）

表 30 亚太工程组织联合会历届执行委员会

日期	事件	地点	主办方
2009 年 6 月 4 日	第 1 届 FEIAP 执行委员会	缅甸,仰光	缅甸工程学会联合会（MES）
2010 年 6 月 14 日	第 2 届 FEIAP 执行委员会	印度尼西亚,雅加达	印度尼西亚工程师学会（PII）
2011 年 6 月 2 日	第 3 届 FEIAP 执行委员会	中国,台北	中国工程师学会（CIE）

日期	事件	地点	主办方
2012 年 12 月 17 日	第 4 届 FEIAP 执行委员会	柬埔寨,金边	柬埔寨工程师委员会(BEC)
2013 年 11 月 12 日	第 5 届 FEIAP 执行委员会	印度尼西亚,雅加达	印度尼西亚工程师学会(PII)
2014 年 11 月 12 日	第 6 届 FEIAP 执行委员会	缅甸,仰光	缅甸工程学会联合会(MES)
2015 年 11 月 25 日	第 7 届 FEIAP 执行委员会	马来西亚,槟城	马来西亚工程师学会(IEM)
2016 年 11 月 23 日	第 8 届 FEIAP 执行委员会	菲律宾,巴拉望	菲律宾技术委员会(PTC)
2017 年 11 月 18 日	第 9 届 FEIAP 执行委员会	泰国,曼谷	泰国工程学会(EIT)
2018 年 11 月 15 日	第 10 届 FEIAP 执行委员会	新加坡,圣淘沙岛	新加坡工程师学会(IES)

表 31 亚太工程组织联合会的重要会议和论坛主题汇总

形式	时间、举办地	主题	备注
国际学术研讨会/全体大会	2011 年 10 月 5 日 新加坡	2011 年第 1 届国际学术研讨会和第 19 届全体大会议题:工程教育和认证	
	2013 年 5 月 9 日 印度,海得拉巴	2013 年第 2 届国际学术研讨会和第 21 届全体大会议题:可持续发展工程倡议:整合创新与伦理	
	2015 年 7 月 7 日 中国,台北	2015 年第 3 届国际学术研讨会和第 23 届全体大会议题:工程专业对社会和文明的贡献(分主题:工程教育、环境工程、自然灾害支助工程)	来自澳大利亚、中国、印度、巴基斯坦、马来西亚、缅甸、新加坡、印度尼西亚、巴布亚新几内亚、美国和中国台北等地的代表参会

形式	时间 & 举办地	主题	备注
国际学术研讨会/全体大会	2017 年 5 月 17 日 巴基斯坦,伊斯兰堡	2017 年第 4 届国际学术研讨会和第 25 届全体大会议题:社会、发展和可持续发展的创新和工程教育	
	2018 年 7 月 11—14 日 马来西亚霹雳州怡保市	2018 年第 26 届全体大会和 MSPC 研讨会及展览与 WFEO-CIC 研讨会议题:第四次工业革命,并庆祝 FEIAP 成立 40 周年,祝贺 WFEO 成立 50 周年	来自亚太地区和其他地区的超过 22 个成员经济体参会,来自亚太地区(包括欧洲和非洲的特邀代表)公共和私营部门的 300 多名工程师出席晚宴
	2019 年 3 月 28—30 日 中国,西安	2019 年第 5 届国际学术研讨会和第 27 届全体大会议题:工程教育资质互认; 如何发展"一带一路"沿线国家的工程教育; 如何推动"一带一路"沿线国家之间工程师和学生的交流; 如何提升"一带一路"沿线国家与其他国家之间工程教育资质互认等	来自新加坡、马来西亚、印度、缅甸等 21 个国家及地区的 200 余名代表参会
研讨会	2014 年 11 月 10 日	FEIAP/AFEO 绿色设计讲习班:基础设施和建筑的绿色可持续设计和建设(论文展示来自:IEI、IEB、IEM、EA、IES)	
	2015 年 5 月(17 日)	工程教育、资格和工程师流动的区域认证	

续表

形式	时间 & 举办地	主题	备注
研讨会	2018 年 5 月 17—18 日 中国,西安,西北工业大学	B&R-FEIAP 第 1 届 FEIAP 工程教育研讨会。 促进"一带一路"沿线国家的工程教育资质互认。推进亚太地区工程教育走向世界、参与全球治理体系的战略举措等议题	来自国内外 50 余个行业学会、大学和有关单位的 180 余名代表参会
论坛	2017 年 3 月 27—29 日 塔吉克斯坦共和国,杜尚别	制定工程资格、标准化、认证和专业系统的路线图(EQSAPS)	
	2017 年 5 月 11—13 日 尼日利亚,拉各斯	尼日利亚高级别工程认证和基于结果的工程教育培训政策论坛	

表 32 亚太工程组织联合会的文件记录

标题	时间、举办地	主要内容
吉隆坡宣言	2015 年 5 月 27 日	教科文组织关于联合国 2015 年后发展议程的国际会议/论坛/研讨会简编
联合国教科文组织 FEIAP 在工程认证方面的合作		支持南南合作,认证亚太地区和非洲的工程教育资格和工程师流动
基于成果的工程教育工程认证和培训高级别政策论坛	2017 年 5 月 11—13 日 尼日利亚,拉各斯	制定工程资格认证、标准化、认证和专业体系(EQSAPS)路线图
FEIAP 第一届国际学术研讨会由新加坡工程师学会(IES)主办	2011 年 10 月 2—7 日 新加坡	议题是"工程教育和认证"
FEIAP 第二届国际学术研讨会由印度工程师学会(IEI)主办	2013 年 5 月 8—11 日 印度,海得拉巴	议题是"可持续发展工程倡议:整合创新与伦理"

标题	时间、举办地	主要内容
FEIAP 第三届国际学术研讨会由中国工程师学会(CIE)主办	2015 年 7 月 5—7 日中国,台北市,霍华德公务员国际大厦	议题为"工程专业对社会和文明的贡献",重点讨论工程行业的挑战、当前做法和进步及其对社会的贡献
联合国工业发展组织绿色丝绸之路项目:绿色工业园区建设指导原则	2013 年 3 月至 2014 年 9 月联合国工业发展组织中国南南工业合作中心	本指导原则是联合国工发组织支持的"绿色丝绸之路项目"的成果之一,意在结合相关国际经验,为中国的绿色工业园区建设提供相关的政策和技术方面的指导
FEIAP/UNESCO/ISTIC 工程教育准则讲习班	2015 年 5 月 27 日马来西亚,吉隆坡,主席府	亚太和非洲工程教育、资格和工程师流动认证区域讲习班
教科文组织与 FEIAP 合作提高工程资格标准,支持 FEIAP 认证工程准则	2010 年 9 月 9 日	FEIAP 和教科文组织、雅加达正在与工程机构合作,提高大学和高等教育机构的工程资格标准

表 33　亚太工程组织联合会的演讲记录

标题	时间	主要内容
FEIAP 工程教育和认证讲习班上的发言	2013 年 11 月 11 日	工程师流动与 FEIAP 工程教育指南亚洲及太平洋工程师的协调流动工程教育质量的基石(澳大利亚经验)FEIAP 准则及其在国际工程认证中的最新进展
KSP 与科学外交论坛(KOFST)	2013 年 11 月 6 日韩国,大田市,韩国科学技术院(KAIST)	全球挑战和韩国科技创新发展经验可持续人类发展中的科学、技术与工程

表 34　亚太工程组织联合会的杰出演讲记录

时间、主办方	标题(主题讲座)	演讲者	举办地
16th GA(EIT)2008 年 11 月 25 日	泰国和相关邻国的非化石燃料选择	Dr Prida Wibulswas西那瓦大学校长、泰国研究基金主席	泰国,曼谷,森特拉大酒店

时间 & 主办方	标题（主题讲座）	演讲者	举办地
17th GA(IES)专题讲座2009 年 10 月 1 日	2010—2012 年世界野生动物基金会战略和指导方针的最新情况	Mdm Maria Prieto Laffargue世界工程组织联合会（WFEO）主席	新加坡,新达城,玛丽娜文华酒店
	可持续建筑	Dr John Keung新加坡建筑和建设管理局（BCA）首席执行官	
18th GA(VUSTA)2010 年 10 月 2 日	发展工程技术和绿色项目,促进可持续发展,建设美好世界	Prof Dr Nguyen Truong Tien越南科学技术协会联盟（VUSTA）副主席；AA-Corp 和 G&P-AA国际咨询联合指导委员会和越南岩土工程研究所	越南,河内,梅利亚饭店
20th GA(KPEA)2012 年 5 月 17 日	CEDO 能力的发展和中期战略:分享韩国的成功故事	Prof. Kun Mo Chung.	韩国,首尔,韩国饭店
22nd GA(CAST)2014 年 5 月 30 日	可持续未来的能源革命	Prof Dr Du Xiang Wan国家气候变化专家委员会主任	中国,北京,北京北星大陆大酒店
23rd GA(CIE)2015 年 7 月 5 日	南洋理工大学—创业型大学专题讲座	Professor Cham Tao Soon南洋理工大学名誉校长、新加坡管理学院理事会特别顾问	中国,台北,霍华德公务员国际大厦
24th GA(EA)2016 年 7 月 7 日	回首过去的岁月	Dr Bob Every西农集团前董事长	澳大利亚,帕斯,太平洋酒店
26th GA (IEM)2018 年 7 月 12 日	达到工程期望:对未来的挑战	Y. D. H. Toh Paduka Setia Dato Ir. Dr Safety Kamal Ahmed霹雳州达鲁尔里祖安,穆安利姆负责人	印度尼西亚,怡保,阿曼嘉亚会议中心

表 35　世界工程组织联合会的国际合作伙伴

合作组织	组织介绍	组织合作
国际工程教育中心（ICEE） UNESCO ICEE United Nations Educational, Scientific and Cultural Organization 联合国教育、科学及文化组织　International Centre for Engineering Education under the auspices of UNESCO 国际工程教育中心 经联合国教科文组织支持的	ICEE 是设在北京清华大学的联合国教科文组织第二类中心，由中国工程院和清华大学联合申请建设，经 2015 年 11 月联合国教科文组织第 38 届成员国大会上批准设立。ICEE 致力于建设一个平等、包容、发展和双赢的工程教育团体，旨在提高工程教育的标准和能力建设	2018 年 3 月，ICEE 与 WFEO 签署了合作协议。WFEO-IEA 工作组：评估毕业生综合素质和专业能力（GAPC）框架，并就其修订提出建议
国际科技创新中心（ISTIC） ISTIC INTERNATIONAL SCIENCE, TECHNOLOGY AND INNOVATION CENTRE FOR SOUTH-SOUTH COOPERATION UNDER THE AUSPICES OF UNESCO	ISTIC 是设在吉隆坡的联合国教科文组织第二类中心，旨在促进工程教育方面的南南合作	将发展方法纳入国家科学和技术及创新政策，提供政策咨询，组织能力建设和交流最佳做法，开展研究，解决发展中国家科学、技术和创新决策中的具体问题
国际工程教育学会联盟（IFEES） IFEES	IFEES 是一个通过构建出教育、企业和组织之间的网络合作来发展全球工程教育，并积极影响全球发展和社会经济增长的国际性、非营利性、非政府组织。从内部看，IFEES 是一个会员集体，通过各大会员协会的合作建立高质量的工程教育流程、保障全球工程专业毕业生的教育质量、增强代表性不足的群体在工程教育界的参与度并提高工程技术的社会价值	国际公认独立的工程教育活动；共同专业领域的政策声明。 工作组 Working groups： (1) 认证机构间的经验交流以及全球工程教育标准效能； (2) 亚非拉三洲工程教育能力建设措施
国际咨询工程师联合会（FIDIC） FIDIC	FIDIC 成立于 1913 年，负责代表其会员协会促进和实施咨询工程行业的战略目标，并向其会员传播感兴趣的信息和资源。如今，FIDIC 会员资格已覆盖全球 104 个国家	参加联合项目及活动：与工作组、委员会和审查小组协定编制出版物。 交换国际会议和重大活动时间表

续表

合作组织	组织介绍	组织合作
国际女工程师与科学家网络（INWES）	INWES 是一个由科学、技术、工程和数学（STEM）组成的女性组织的全球网络,覆盖全球 60 多个国家。它是一个非营利性公司,由董事会管理,由组织、公司、大学或机构的代表以及个人会员组成	开展促进女性在工程科技领域的作用的联合活动。交换国际会议和重大活动时间表

表 36   世界工程组织联合会的杰出合伙人

合作组织	组织简介
联合承包商公司（Consolidated Contractors Company）	联合承包商公司（CCC）是中东最大的建筑公司,2013 年收入为 53 亿美元,位居国际承包商 25 强之列。CCC 在 40 多个国家及地区设有办事处和项目,并拥有 130,000 多名员工
Khatib & Alami	Khatib&Alami 是多学科的城市和区域规划、建筑和工程咨询公司。在 ENR 2017 的 225 强国际设计中排名 40

表 37   世界工程组织联合会的赞助企业

合作方	简介
格力集团（GREE）	格力电器有限公司是中国一家大型电器制造商,总部位于广东省珠海,是世界上最大的家用空调制造商。该公司以格力品牌名称在中国国内市场和海外市场分销产品
紫光集团（Tsinghua Unigroup）	紫光集团是中国领先的集成电路设计商和制造商,也是全球第三大移动芯片设计师。作为企业级 IT 解决方案的重要提供者,紫光集团根据其"芯片到云"战略向中国的各种客户提供公共、私有和混合云解决方案。作为英特尔、惠普和西部数据等全球 IT 巨头的战略合作伙伴,紫光集团已发展成为一家全球化企业,未来将专注于 5G、物联网和人工智能技术

表 38　世界工程组织联合会与联合国机构及国际组织的合作

合作组织	组织介绍	组织合作 Cooperation
教科文组织 **UNESCO** United Nations Educational, Scientific and Cultural Organization	联合国教育、科学及文化组织（教科文组织）是设在法国巴黎的联合国专门机构。其宣布的目的是通过教育、科学和文化改革促进国际合作，以促进对和平、法治和人权的普遍尊重以及《联合国宪章》所宣布的基本自由，从而为和平与安全做出贡献	WFEO 在教科文组织的主持下于 1968 年成立，其总部设在巴黎。自成立以来，WFEO 就一直参与与教科文组织的紧密而持续的合作，以制订和实施本组织的计划，并扩大教科文组织主管领域的联合活动。WFEO 在联合国教科文组织具有正式会员资格。具有里程碑意义的联合国教科文组织工程报告是第一份关于工程的全球报告，是与 WFEO 共同编制的。WFEO 共同主持了该报告的编辑咨询委员会
联合国气候变化框架公约（UNFCCC）	联合国气候变化框架公约，由地球峰会上 150 多个国家以及欧洲经济共同体共同签署。公约由序言及 26 条正文组成，具有法律约束力，终极目标是将大气温室气体浓度维持在一个稳定的水平，在该水平上人类活动对气候系统的危险干扰不会发生。UNFCCC 是世界上第一个为全面控制二氧化碳等温室气体排放，应对全球气候变暖给人类经济和社会带来不利影响的国际公约，也是国际社会在应对全球气候变化问题上进行国际合作的一个基本框架	作为 UNFCCC 的合作伙伴，WFEO 的总体目标是为可持续实施适用于民用基础设施的 UNFCCC 适应目标和战略做出贡献，并为实现联合国可持续发展目标（SDGs）的目标 13 做出贡献。主要目的是通过积累知识、经验和适当的技术以增强工程师的技术能力，开发和实施工程工具、政策和实践，对现有和新的民用基础设施进行风险评估，使其适应气候变化，从而提高工程师的技术能力。 联合活动旨在为工程师、规划者和决策者举办国家和地区讲习班，介绍民用基础设施适应气候变化的政策和最佳做法，同时促进地区、国家和社区一级的试点项目，以确定和评估民用基础设施的工程脆弱性，并采取相应措施。此外，还发布有关民用基础设施工程脆弱性评估的指导文件，以及解决这些脆弱性的最佳适应工程时间

续表

合作组织	组织介绍	组织合作 Cooperation
联合国环境署 （UNEP） UNEP	联合国环境规划署是全球领先的环保机构，负责制定全球环境议程，促进联合国系统内可持续发展的环境方面规定的连贯实施，是全球环境的权威倡导者。环境规划署的使命是通过激励、告知和使各国和人民能够改善其生活质量而不损害子孙后代的生活，在保护环境方面发挥领导作用并鼓励伙伴关系	WFEO 被列为获得环境署理事会和全球部长级环境论坛（GC/GMEF）观察员地位的认可组织。该项目旨在为私营部门在节能和可再生能源技术领域的投资提供专家财务和技术咨询，并开发一种评估工具，评估在节能和可再生能源技术领域投资的财务和经济吸引力
联合国工业发展组织 （UNIDO） UNIDO	联合国工业发展组织是促进工业发展减少贫困、实现包容性全球化和环境可持续性的专门机构。该组织的使命是促进和加速发展中国家和转型期经济体的包容性和可持续工业发展（ISID）	
国际原子能机构 （IAEA） IAEA	国际原子能机构是联合国大家庭中世界上公认的"原子能促进和平"组织，是核领域合作的国际中心。原子能机构与其成员国和世界各地的多个伙伴合作，促进安全、可靠与和平地利用核技术	观察员 第 63 届 IAEA 全体大会
经济合作与发展组织 （OECD） OECD	经济合作与发展组织的使命是促进改善世界各地人民经济和社会福祉的政策。经合组织提供了一个论坛，各国政府可在此论坛上共同努力，交流经验并寻求解决常见问题的方法。经合组织与各国政府合作，了解推动经济、社会和环境变化的因素	
国际工程联盟 （IEA） INTERNATIONAL ENGINEERING ALLIANCE	国际工程联盟是一个全球性的非营利组织，由来自 27 个国家/地区的 36 个司法管辖区的成员组成，涉及七个国际协议。这些国际协议管辖对工程学学历和专业能力的认可。通过《教育协议和能力协议》国际工程联盟的成员可以制定并执行国际基准的工程教育标准和预期的工程实践能力	2015 年 12 月，国际工程联盟与世界工程组织联合会签署了一项谅解备忘录，旨在：提高对认证重要性的认识；建立承诺——为国家机构的发展；建设国家机构的能力，为国际原子能机构的指导做好准备；支持国家机构——加入 IEA 协议和协定

合作组织	组织介绍	组织合作 Cooperation
国际标准化组织（ISO）	ISO 是一个独立的非政府国际组织，拥有 162 个国家标准机构。通过其成员，该组织汇集专家共享知识，并制定了自愿的、基于共识的、与市场有关的国际标准，以支持创新并提供应对全球挑战的解决方案	WFEO 是 ISO 37001 反贿赂管理系统标准项目的合作伙伴，并通过成为 ISO 项目委员会的联络组织发挥特殊作用
世界能源理事会（WEC）	世界能源理事会是领导者和从业者的主要公正网络，其宗旨是为所有人带来最大利益，推动负担得起、稳定且对环境敏感的能源系统。该理事会是联合国认可的全球能源机构，代表了整个能源领域，在 90 多个国家/地区拥有 3000 多个成员组织，成员来自政府、私营和国有公司、学术界、非政府组织和与能源相关的利益相关者	世界能源大会能源供应
世界气象组织（WMO）	世界气象组织是一个政府间组织，成员有 191 个会员国和地区。由 1950 年 3 月 23 日批准《WMO 公约》建立的 WMO 于一年后成为联合国气象（天气和气候）、水文业务和相关地球物理科学的专门机构。秘书处总部设在日内瓦，由秘书长领导。它的最高机构是世界气象大会	建立提供气象服务和进行观测的各种中心
联合国减灾战略署（UNISDJIR）	联合国减灾战略署成立于 1999 年，是一个专门促进《国际减灾战略》的实施的秘书处。它的任务是作为联合国系统协调减灾的联络点，确保联合国系统和区域组织的减灾活动与社会经济和人道主义领域的活动之间的协同作用	国际减灾战略协调机制

表 39　世界工程组织联合会 2018 年会议主题概览

会议名称	会议时间、地点、举办者	主题	备注
第三届 STI 论坛 2018—可持续发展目标的科学、技术和创新多方利益相关者论坛	2018 年 6 月 5—6 日	围绕主题领域讨论科学、技术和创新合作,以实现可持续发展目标,使所有相关利益攸关方聚集在一起,为他们的专业领域做出积极贡献	为明确技术需求和差距,包括科学合作、创新和能力建设方面的差距,也为了促进发展、转让和传播有关技术以实现可持续发展目标。在此目标上,年会(STI 论坛)为相关利益方与多利益伙伴关系之间建立互动关系、对接和建立网络等。STI 是作为《2030 年议程》和《亚的斯亚贝巴行动议程》(Addis Ababa Action Agenda)授权的技术促进机制的一部分
全球工程大会—GEC2018	2018 年 10 月 22—26 日,伦敦,由 WFEO 和土木工程师学会(ICE)举办		会议讨论并尝试解决联合国可持续发展目标,特别是目标 6、7、9、11 和目标 13,这些目标被确定为工程师可以发挥最大作用的领域。目的是针对目标创建统一的全球工程响应,并详细说明工程师如何实现这些目标。大会的目标是: 1. 将气候变化措施纳入国家政策,战略和规划; 2. 通过适当的资金保障可持续性; 3. 基础设施是经济的支柱——生产力提高; 4. 实现潜在的数字化创新必须提供可持续性; 5. 建议关键步骤以实现可持续发展,从而改变行业的方法。 会议恰逢 WFEO、ICE 成立 200 周年和英国政府的工程年 50 周年。与会者有美国土木工程师学会(ASCE)、加拿大土木工程师学会(CSCE)、欧洲土木工程师理事会(ECCE)和英联邦工程师理事会(CEC)。此次会议合作伙伴还有美国土木

会议名称	会议时间、地点、举办者	主题	备注
			工程师学会（ASCE）、加拿大土木工程师学会（CSCE）、欧洲土木工程师理事会（ECCE）和英联邦工程师理事会（CEC）
国际工程能力论坛	2018年11月21—23日	1. 全球化与工程师的国际流动； 2. 面向未来的工程教育认证体系； 3. 工程能力与可持续发展	随着当今技术和对工程毕业生期望的变化，该论坛将讨论工程教育标准以及对最佳标准的需求。这是WFEO 2030计划的关键战略重点。 该论坛将由中国科学技术协会（CAST）主办，WFEO和亚太工程学会联合会（FEIAP）支持。WFEO将参加有关工程标准和能力建设的讨论，并了解这些标准的开发计划。其中必须有WFEO和CAST认可的唯一的工程教育全球标准
毛里求斯工程师学会国际会议—成立70周年	2018年11月22—23日	工程师对发展的贡献：过去、现在和未来	接受来自农业、建筑物、ICT（信息通信技术）、工程教育、能源、健康、住房、行业、娱乐、旅游、运输、废物管理、水、废水领域的论文
联合国工业发展组织（UNIDO）的工业发展理事会2018年	2018年11月26—28日，奥地利，维也纳	无相关信息	UNIDO是联合国的专门机构，其促进工业发展以减少贫困、包容性全球化和环境可持续性。联合国工业发展组织的任务是促进和加速会员国的包容性和可持续工业发展（ISID）。 UNIDB由53个成员组成，从所有成员国中轮流选举产生，任期四年。它负责审查工作方案、日常和执行预算，就政策事项（任命总干事）向大会提出建议。 WFEO为UNIDO提供咨商合作

会议名称	会议时间、地点、举办者	主题	备注
卡托维兹气候变化会议 COP 24	2018 年 12 月 2—14 日,波兰,卡托维兹	主要目标是通过《巴黎气候变化协议》的实施指南	具体行动包括: 1. 适应气候变化影响; 2. 众志成城的节能减排; 3. 采取强有力的执行手段,以技术合作、能力建设,尤其是财政支持的形式支持发展中国家
2018 联合国非政府组织国际会议	2018 年 12 月 17—19 日,法国,巴黎	加强和促进教科文组织非政府组织合作伙伴: 1. "共同行动:非政府组织的集体力量"; 2. "交流,信息,对话"	本次会议审查 2017 年和 2018 年开展的非政府组织集体行动,并考虑 2019—2020 年集体合作的主要方向。此外将选举会议的新主席,以及新的非政府组织——教科文组织联络委员会

表 40　世界工程组织联合会 2019 年会议主题

会议名称	会议时间/地点/举办者	主题	备注
妇女地位委员会 2019—CSW63	2019 年 3 月 11—22 日,美国,纽约	1. 优先主题:社会保护系统,获得公共服务和可持续基础设施,以促进两性平等和增强妇女和女童权能; 2. 回顾主题:赋予妇女权力和与可持续发展的联系(第六十届会议已商定结论)	与会者有来自世界所有地区的会员国、联合国实体和经社理事会认可的非政府组织的代表

会议名称	会议时间、地点、举办者	主题	备注
2019 年世界建筑论坛	2019 年 4 月 8—11 日,斯洛文尼亚,卢布尔雅那	建筑物和基础设施的可复原性:从气候变化到灾难风险和设施管理: 1. 21 世纪的能源——建筑环境的资源效率; 2. 建筑 4.0——先进建筑工程; 3. 数字世界中的文化遗产; 4. 弹性社区的灾害风险管理与治理; 5. 工程能力建设; 6. 数字化设计的构建环境:BIM 生命周期以及设施和资产管理	来自 51 个国家和五大洲的 700 名参与者参加了世界建筑论坛,参加了109 场讲座,并在论坛开幕式上聆听了教授致辞的四场主题演讲。演讲嘉宾有来自中国的金秀艳博士、来自英国的 Mark Coleman、来自斯洛文尼亚的 Peter Fajfar 教授、来自希腊的 Antonia Moropoulou 教授
关于建筑行业利益相关者的问责制网络研讨会	2020 年 7 月 4 日,缅甸,仰光		
STI 论坛 2019—可持续发展目标的科学,技术和创新多方利益相关者论坛	2019 年 5 月 14—15 日,美国,纽约	科学、技术和创新,以增强人民权能并确保包容性和平等——专注于可持续发展目标 4 素质教育、8 经济增长、10 减少不平等、13 气候行动、16 和平与正义	
在 AI 时代规划教育:引领飞跃	2019 年 5 月 16—18 日,中国,北京		辩论 AI 时代所需的技能是否可以被成功预测;分享有关开发此类技能的经验,这些技能将使人类适应 AI 社会;

续表

会议名称	会议时间、地点、举办者	主题	备注
在 AI 时代规划教育:引领飞跃	2019 年 5 月 16—18 日,中国,北京		交流有关 AI 的最新趋势的信息以及趋势如何影响教育和学习;评估从新兴国家政策和战略中汲取的经验教训,以利用人工智能实现可持续发展目标 4;加强国际合作与伙伴关系,以促进在教育中公平、包容和透明地使用人工智能
IEAM 2019(国际工程联盟会议 2019)	2019 年 6 月 9—14 日,中国香港工程师学会(HKIE)主办	通过一系列的《教育协议和能力协议》,为达到国际基准的工程教育标准和预期的工程实践能力提供非凡的经验	国际工程联盟(IEA)是一个全球性的非营利组织,由来自 28 个国家/地区的 37 个司法管辖区的成员组成,涵盖七项国际协议和协定。这些国际协议管辖对工程学学历和专业能力的认证。通过《教育协议和能力协议》,国际工程联盟的成员可以建立国际标准的工程教育标准并执行预期的工程实践能力
2019 澳大利亚矿业领袖论坛	2019 年 6 月 19 日,澳大利亚,墨尔本	讨论澳大利亚资源行业在欧洲工业中的机遇、趋势和最新经验	主讲者:Seamus French—英美资源集团大宗商品和其他商品首席执行官;Giulia Savio—纽克雷斯特矿业有限公司首席(多元化和包容性);Michelle Ash-GMGgroup 主席和 Barrick Gold 前首席创新官;Samuel Catalano—瑞士信贷欧洲金属与矿业研究主管

会议名称	会议时间、地点、举办者	主题	备注
WFEO 非洲工程与粮食安全国际会议	2019 年 6 月 24—25 日,突尼斯,埃尔穆阿拉迪伽玛斯酒店	关注联合国的可持续发展目标 2(零饥饿)和 12(可持续消费和生产)	本次会议旨在创建一个平台,平台的参与者有工程师、科学家、决策者以及参与该领域的民间社会代表。在工程师认为的《粮食安全宣言》理念下,共享和传播知识、创新思想和经验、交流能力建设和工作领域的成果
2019 年高级政治论坛	2019 年 7 月 9—18 日,美国,纽约,由联合国经济及社会理事会(ECOSOC)主办	增强人民能力,确保包容性和平等	由 WFEO 和国际科学理事会(ISC)组成的科学技术共同体主要小组在会外组织"通过强大的科学技术政策赋予人民以力量:对 HLPF 第一个周期的思考"的会外活动。2019 年论坛将对五个可持续发展目标(SDGs)进行深入审查:目标 4(质量教育)、目标 8(体面劳动和经济增长)、目标 10(减少不平等)、目标 13(气候行动)和目标 16(和平、司法和强有力的机构),同时它与往年一样审查目标 17(目标合作伙伴关系)
UPADI 2019(泛美工程学会联合会 2019 年度大会)	2019 年 7 月 23—26 日		本次会议选举第 IV 区—玻利瓦尔国家和第 V 区—巴西和南锥体的副主席,任期两年

会议名称	会议时间、地点、举办者	主题	备注
2019 世界机器人大会(WRC)	2019 年 8 月 20—25 日,中国,北京	为开放和共享利益的新时代创造智能动力(同时举办 2019 年机器人世界论坛、2019 世界机器人展览会、2019 世界机器人大赛)	WRC 已发展成为思想交流和机器人决策、技术研究、产品开发、市场扩展,行业融资整合和人才培养方面的全球潮流引领者。它得到 21 个国际组织的支持,包括:世界工程组织联合会(WFEO)、联合国工业发展组织(UNIDO)、IEEE 机器人与自动化学会、国际促进机械与机械科学联合会、国际机器人研究基金会。作为中国规模最大最高级最国际化的机器人大会,WRC 汇集了全球专家的智慧,汇集了世界领先的公司,并展示了最新的技术成果。它对国内机器人企业家精神和创新的重要性不容小觑
2019 年联合国教科文组织—非洲工程周和非洲工程会议	2019 年 9 月 15—21 日,赞比亚,利文斯通	通过可持续工程发展解决可持续发展目标	
第二届工程学女性论坛	2019 年 9 月 17 日,WFEO 工程学女性委员会	领导力与赋权:振作起来,拥有未来。论坛的子主题为:革新;多元化与包容性;建立盟友;抓住机遇;聪明思考;自主就业;创业精神;联合国、WE 和 SDG;庆祝女性	为了参与国家的社会和经济发展,正在全球范围内努力建设和增强妇女的能力。但是,需要做出更大的努力来提高妇女在工程技术领域的领导力和技术进步各个论坛的参与度。为了增强妇女在工程技

会议名称	会议时间、地点、举办者	主题	备注
			术领域的能力并享有平等的职业发展和成就机会,成立了世界妇女组织委员会。这不仅有助于提高女工程师在 WFEO 中的知名度和参与度,还有助于提高她们的能力和领导技能,以实现对社会的高度承诺、能力和责任
Lisbon 土木工程峰会 2019—CES	2019 年 9 月 24—28 日,葡萄牙、里斯本,葡萄牙工程师协会（OEP-Ordem dos Engenheiros de Portugal）主办		在 CES2019 的同时,里斯本还将主办世界土木工程师理事会（WCCE）、欧洲土木工程师理事会（ECCE）、欧洲工程师协会理事会（ECEC）和地中海国家工程协会（EAMC）大会。 在随着气候变化、食品和水安全、安全建设以及所有其他联合国可持续发展目标方面,这些土木工程师寻求解决新旧挑战的方法。这项国际盛会旨在以全球性和综合性的方式讨论当前影响土木工程师社区的主要问题
国际科学技术研讨会"第二次国际科希金（Kosygin）读书"	2019 年 10 月 29 日至 11 月 1 日,俄罗斯,莫斯科	能源高效的环境安全技术和设备	第一次国际科希金读书会于 2017 年在科希金州立大学举行。来自俄罗斯和其他国家的 700 多位作者发表了 516 次全体会议和部门报告。超过 2700 人参加了全体会议、分组讨论和远程会议

续表

会议名称	会议时间、地点、举办者	主题	备注
2019 年世界工程师大会(WEC)	2019 年 11 月 20—22 日,墨尔本,澳大利亚工程师协会和世界工程组织联合会联合举办	"设计可持续发展的世界:未来 100 年"①(三天的内容包括六个主题,每个主题都与 17 个联合国发展目标中的许多目标保持一致)	该国际大会每四年举行一次,被称为"工程奥林匹克",吸引了来自 70 多个国家的 1300 多个全球参与者。会议所做论文展示如中国教授罗龙熙博士、吴建平教授的《通过系统动力学方法分析中国城市供水系统》;田慧君、管健、李振根、朱小冬的《工程教育知识服务平台的设计与实现》;李若梅女士《能源革命——妇女领导的新机遇》;Daniel Favrat 的《可再生能源储能的选择》;Khin Sandar Tun《缅甸女工程师的情况》;Nicholas Kibet Bundotich《加快肯尼亚的电气化计划》;J. P. Mohsen 博士《达到全球工程教育标准》;Hema Vallabh《从参与到所有权——非洲女工程师的企业家地位》等 60 余篇文章
非政府组织国际论坛	2019 年 12 月 16—17 日	挑战不平等,重点放在青年、收入、技术、性别和教育等领域	该论坛的主要目标是明确一些优秀实践和基层行动的实例,并制定一套解决不平等现象的建议,重点放在青年、收入、技术、性别和教育等领域

---

① 可持续性是从最广泛的意义上而言的,包括对珍贵的自然资源的管理,例如,可再生能源技术、节俭式创新、资源的管理等,并融合了道德价值观和社会责任。公约方案提供了为期 3 天的内容,内容涵盖 6 个主题,每个主题都与 17 个联合国发展目标中的许多目标保持一致。

会议名称	会议时间、地点、举办者	主题	备注
第34届印度工程大会	2019年12月27—29日,印度,海得拉巴	"社会工程-国家建设的必要条件"	
世界工程日开幕典礼	2019年3月4日(因疫情推迟),法国,巴黎	可持续发展目标17:全球伙伴关系	

表41　世界工程组织联合会2020年会议主题

会议名称	会议时间/地点	主题	备注
2020年妇女地位委员会—CSW64	2020年3月9—20日(因疫情推迟)	可持续发展目标5:性别平等	见往年机构简介
2020年地理空间世界论坛	2020年4月7—9日,荷兰,阿姆斯特丹(因疫情推迟)	可持续发展目标9:基础设施工业化	
STI Forum 2020	2020年5月12—13日(因疫情推迟)	可持续发展目标17:全球伙伴关系,目标9:基础设施工业化	见往年机构简介
高级别活动"水,卫生和气候行动加快执行《2030年议程》"	2020年5月29日,线上		由加拿大、芬兰、匈牙利、日本、肯尼亚、荷兰、葡萄牙、新加坡、塔吉克斯坦和联合国经济和社会事务部常驻联合国代表团在联合国水部门UN-Water的支持下共同组织
回应COVID-19	2020年5月30日		
2020年联合国教科文组织世界可持续发展教育大会	2020年6月2—4日,德国,柏林	可持续发展目标4:教育	见往年机构简介

续表

会议名称	会议时间/地点	主题	备注
秘鲁工程周—网络研讨会	2020年6月8—12日,秘鲁,利马	环境工程 COVID-19	
可持续发展目标的科学、技术和创新以及 Covid-19 的恢复	2020年6月10日		该网络研讨会将讨论可持续发展目标和 Covid-19 恢复的挑战,基于 STI 的解决方案和合作伙伴关系。它将为 2020 年可持续发展问题高级别政治论坛的科学、技术和创新部分做好准备
21 世纪电子会议的全球领导力	2020年6月15—19日	论文主题有:卫生、教育与福祉、和平与安全、治理与人权、金融、经济与就业、能源,生态与气候和科学与技术	世界艺术与科学研究院(WAAS)与联合国日内瓦办事处(UNOG)合作主办,向国际组织、各国政府、非政府组织、媒体、企业、其他民间组织、社会组织和专家的代表发出征集论文和提案的呼吁
网络研讨会 2020 年 WSIS 论坛	2020年6月22日,Womenvai 和欧洲水项目组织主办	减少废弃物对环境影响的水数据解决方案	论坛形式是每周计划,其中包括一系列主题/国家研讨会、高级别政策会议、各个主题领域的专题报道、知识咖啡厅、黑客马拉松① hackathon 和展览会,这些问题对于在多利益相关方环境中实施 WSIS 和后续行动至关重要

---

① 黑客马拉松是通常由硬件制造商或软件公司设立的会议或活动,同时有政府等其他实体机构参加。

会议名称	会议时间/地点	主题	备注
网络研讨会:赞比亚工程专家在当今世界的知名度(visibility)	2020年6月26日,赞比亚工程学会(EIZ)		
网络研讨会:Covid-19对工程和建筑行业的影响	2020年6月27日,埃塞俄比亚土木工程师协会(EACE)		这些影响包括时间延误、劳动力中断、设备和供应链中断,以及由于现场健康和安全措施(例如,社会距离、工作拖延、卫生措施增强等)而导致生产率下降、额外成本,以及融资限制或现金流短缺
网络研讨会:数字适应WSIS论坛	2020年6月29日,线上,瑞士工程委员会日内瓦分会组织	数字化适应:如何开发具有成本效益的系统并实现可持续发展	此次会议讨论最新的高科技创新解决方案,以实现更安全可持续的现代社会。合作伙伴交流共享讨论数字化适应战略的关键要素,包括展示法国国际工程师学会EPF与其合作伙伴在人工智能和伦理学领域合作的内容。会议用绿色方法坚持大数据管理需求
网络研讨会:建筑行业利益相关者的责任	2020年7月4日,缅甸工程委员会		
2020年高级别政治论坛	2020年7月7—16日	加快行动和变革路径:实现十年可持续发展的行动	WFEO和ISC组成的科学技术共同体主要小组在HLPF 2020讨论文件中添加了"XV科学技术社区",强调了科学技术在执行SGD中的作用

续表

会议名称	会议时间/地点	主题	备注
WFEO 网络研讨会:HLPF 2020 会外活动	2020 年 7 月 9 日,线上	如何在郊区和城市环境中利用科学技术来促进可持续发展:实施地理空间工程的案例	集成的地理空间技术和建筑信息模型(BIM)对全体实现 17 个 SDGs 至关重要。由第四次工业革命(4IR)技术[例如人工智能(AI)、物联网(IoT)或大数据]支持的地理空间和 BIM 解决方案可以提供准确、高分辨率的数据技术和工具,进而提供均衡的评估和解决方案
WFEO 网络研讨会	2020 年 7 月 11 日,线上	组织的管理 讨论国际标准草案 ISO 37000	国际标准组织(ISO)是领先的国际标准组织,致力于为各种主题和用途开发标准。WFEO 是 ISO 技术委员会 309(TC 309)的 A 类联络成员,该委员会正在制定有关反贿赂、治理和合规性的全球标准。ISO 37000-组织管理指南草案是基础标准,并且是风险管理(ISO 31000),守法(ISO 37002 草案)和反贿赂(ISO 37001)领域其他国际标准的基础
WFEO 网络研讨会	2020 年 7 月 18 日,线上	讨论了针对研究生属性和专业能力的最新 IEA 基准提案	教科文组织和世界工程组织联合会(WFEO)都将国际工程联盟(IEA)的研究生素质和专业能力框架(GAPC)视为工程教育中极其有价值的国际基准。在续签《WFEO-IEA 谅解备忘录》和 WEC2019 在墨尔本发表的《工程教育宣言》后,联合国教科文组织 WFEO IEA 工作组成立。目

会议名称	会议时间/地点	主题	备注
			的是审查当前的 IEA 毕业生属性和专业能力框架,以确保它们反映当代价值和雇主需求,并为未来的工程师/技术人员/技术人员配备以纳入促进联合国可持续目标的实践
WFEO 年轻工程师/未来领袖委员会网络研讨会	2020 年 7 月 22 日	设计未来	该网络研讨会将探讨工程学的各个方面,以及工程学在复原力和可持续社会中不可或缺的作用。COVID-19 大流行暴露了社会经济和环境领域的不平等和脆弱性,确保快速恢复同时为建立更具弹性的系统是实现《2030 年议程》(包括可持续发展目标)的前提。 这些系列的网络研讨会旨在强调工程设计和基于系统的方法在识别、缓解和减少风险以及恢复中的作用。会议也讨论了技术、金融、治理、集体行动等不同杠杆如何促进更可持续的社会、经济和环境系统的转变。同时这些会议讨论了新技术和创新工程在高复原力和可持续性发展方面的作用
WFEO 多元化与包容性网络研讨会	2020 年 7 月 31 日		由 WFEO 工程女性委员会、女性工程师与科学家国际网络(INWES)组织。 研讨会概述 GAPC 框架的审查结果,并说明为实现多样性和包容性所做的关键变更

续表

会议名称	会议时间/地点	主题	备注
第六届 2020 年古巴国际工程公约	2020 年 10 月 21—25 日	回应《工程公约》中"今天的工程……对一个更美好的世界的作用"	分享包容、安全、有弹性和可持续性工程等当前问题上的日常工作经验和实践
全球工程大会 2020	2020 年 10 月 26—30 日，卢旺达，基加利		举办方有 WFEO 卢旺达工程师学会、非洲工程组织联合会（FAEO）和教科文组织
国际会议"水、大城市与全球变化"	2020 年 12 月 1—4 日，法国，巴黎		举办方有教科文组织水科学处、法兰西岛大区水领域研究社区协会（ARCEAU-IdF，法国法兰西岛大区自治区协会）、大巴黎卫生局（SIAAP，Syndicat）巴黎市跨部门合作组织和大巴黎大都市。会议目的：概述大城市水管理的科学和技术以识别和更新最重要的问题，加强科学与政策参与者之间的对话，以及正式启动大城市水与气候联盟（MAWAC）。MAWAC 旨在为大城市提供一个交流经验和挑战，提出解决方案并获得计划和项目的技术和资金支持的平台，使他们能够成功克服气候变化的挑战
2023 年世界工程师大会	2023 年 10 月 11—13 日，捷克，布拉格	能源新解决方案；智慧城市，城市化概念；环境保护的工程方法；工程教育与持续专业发展；绿色运输；安全数字世界；工业创新技术；保健工程；食品和淡水供应；预防自然和工业灾难；缓解气候变化；从地球到宇宙；青年工程师论坛；工程学中的女性	

表 42 典型国际工程教育组织合作机制

合作机制	组织简介	组织结构	治理模式	伙伴关系	交流载体
中日韩工程院圆桌会议（EA-RTM）	该机构于1997年创立，是一个科学、工程和技术方面的、非盈利的、非政府的区域性合作机制。其职责有四：第一，协助各国工程院制定组织政策；第二，通过组织程序和成员选举程序；第三，接纳组织各国成员代表；第四，核准组织项目的一般概念、纲要和相关活动	中国工程院（CAE）、日本工程院（EAJ）和韩国工程院（NAEK）	圆桌会议分为三部分进行：学术研讨会、圆桌会议行政会议和技术参观	中日韩在智能城市、先进制造技术、生活环境管理技术、慢性疾病医疗技术、医疗保健技术等领域有竞争与合作	中日韩工程院圆桌会议的探讨主要集中在以下领域：工程科技在解决亚洲金融危机中的作用、环境技术、工程教育、工程师资格认证、制造业发展、工程师道德、可持续发展、新能源与可再生能源、新兴技术支持老龄化社会、先进制造、先进维护、智能城市等三方共同关心的工程科技问题
欧洲工程教育学会（SEFI）	SEFI是一个非营利性国际组织，成立于1973年，是活跃在欧洲的最大的工程教育组织网络。SEFI包含300多个国际性组织的成员	董事会、统筹委员会、活动组委会、国际记者站、国际工程发展研究所、校企合作圆桌会议、学生合作委员会、特设委员会、特别兴趣小组	内设欧洲工程委员会EEDC、欧洲工程学院院长会议、区域会议、欧洲工程教育年会、各级各类的表决机制等	在国际合作组织方面，SEFI与教科文组织和欧洲委员会保持着密切的联系，同时SEFI也是欧洲空间局、美国空间局、国际空间局联合会、欧洲空间局联合会、国际空间局联合会和EEDC的创始会员。在企业合作伙伴方面，SEFI的合作伙伴有达索系统公司、格兰塔、迈斯沃克、国家仪器公司	主要交流的平台形式有：欧洲工程学院院长理事会、欧洲工程学院院长会议ECED、欧洲工程学会官方论坛、SEFI区域会议、欧洲工程教育年会、不定期的在线研讨会。同时，会出版各类研究报告作为交流传播媒体

合作机制	组织简介	组织结构	治理模式	伙伴关系	交流载体
国际工程教育学会联盟（IFEES）	IFEES 是一个通过构建教育、企业和组织之间的网络合作来发展全球工程教育，并积极影响全球发展和社会经济增长的国际性、非营利性、非政府组织	主席团、秘书长、执行委员会、机构官员、各类会员及会员大会	IFEES 是一个由会员组成的机构，会员具有非常大的权利。所有其他决策机构、行政机构都由会员大会经提名委员会投票选拔任命。IFEES 的决策机构为会员大会、执行委员会和主席团，其行政机构为官员集体、秘书长和执行委员会	截至 2020 年 7 月以来的 IFEES 有 50 多个工程教育协会和企业合作伙伴，并且数量一直在不断增加。其中包括空客、澳汰尔工程软件公司、达索系统、美国工程教育学会、印度教育促进会、非洲工程教育协会、妇女工程学会等	IFEES 的会议大部分由各个会员组织，议题广泛，与会人数众多。值得注意的是 2017 年这个时间点，2017 年以后会议开展的频率迅速增加，每年会议次数达 60 场左右
亚太工程组织联合会（FEIAP）	FEIAP 是一个国际性的非营利专业组织，其前身是 1978 年 7 月 6 日成立的东南亚及太平洋工程学会联合会（FEISEAP）	FEIAP 的组织架构由成员、大会、执行委员会、秘书处、工作组、常务委员会组成。亚太工程组织联合会的最高理事机构是大会，在大会闭会期间，联合会的事务应由执行委员会按照大会规定的政策管理	大会任命名誉研究员。在大会任何会议上，每一成员只享有一票。名誉会员及准会员无权投票。大会或执行委员会可任命工作组，也可以任命一个常务委员会，再从中任命主席和委员担任每个常务委员会的委员。大会全体成员投票决定 FEIAP 的章程制定和组织解散	在产业方面，FEIAP 的合作伙伴有马来西亚服务供应商联盟（MSPC）、华为、马来西亚信托基金（MFIT）。在大学机构方面，与马来西亚科学院（ASM）、发展中世界工程技术科学院（AETDEW）、东盟工程与技术科学院（AAET）、西北工业大学（NPU）取得了合作关系。在国家政府／	亚太工程组织联合会（FEIAP）由亚太地区的工程师学会办，每年举行一次全体大会（从 2011 年开始，每两年举行一次国际学术研讨会，与当年的全体大会同时举办），每年举行一次执行委员会。另外 FEIAP 与东盟工程组织联合会（AFEO）也有一定的联系，与 UNESCO 等组织联合主办工程教育区域认证、工程师资格与流动

合作机制	组织简介	组织结构	治理模式	伙伴关系	交流载体
				部门方面,马来西亚科学技术创新部(MOSTI)、马来西亚国际贸易与工业部(MITI)、马来西亚对外贸易发展局(MATRADE)、马来西亚数字经济发展机构(MDEC)、马来西亚工业发展局(MIDA)均是FEIAP的合作伙伴。在全球合作方面,合作伙伴有东盟工程组织联合会(AFEO)、世界工程组织联合会(WFEO)、亚洲太平洋地区的学生联盟(APSC)、全球科学院网络(IAP)、联合国教科文组织南南合作国际科技创新中心(ISTIC)、UNESXO	论坛,制定工程教育指导方针并发表研究报告

后　　记

　　中国工程院"国际工程教育共同体建设研究"项目(编号:2018-XZ-43)是在中国工程院王玉明院士的主持下,由国际工程教育中心的课题组完成的。该项目既是一项咨询研究,也有力地支持了国际工程教育中心的建设实践。在整个研究过程中,得到了国际工程教育中心理事长邱勇院士,顾问委员会主任周济院士,中心主任吴启迪,执行主任杨斌、袁驷,以及国际工程教育中心理事会和顾问委员会部分专家的大力支持。

　　本研究由清华大学王孙禹教授担任执行负责人,乔伟峰、徐立辉、李晶晶协助执行负责人设计了研究大纲和研究思路,根据研究需要组织了专门的研究团队。本课题的主要执笔人包括清华大学的徐立辉、谢喆平、乔伟峰等老师和陈会民(博士后)等。田慧君老师、翁默斯(博士后)、郭哲(博士后)、朱盼(研究助理)也为研究工作做出了贡献。在国际工程教育中心实习的研究生邓晶晶(北京理工大学)、张仁(北京理工大学)、王慧文(北京理工大学)、聂梦影(北京工业大学)等同学在案例资料收集整理方面做了大量的工作。报告最后由谢喆平、王孙禹、李晶晶统稿。

　　国际工程教育中心的《国际工程教育战略合作:趋势与前沿》《构建工程能力报告》等前期研究报告,也为本研究提供了相关的基础资料借鉴。

　　衷心感谢周济院士(清华大学)、马永红教授(北京航空航天大学)、何海燕教授(北京理工大学)、卢达溶教授(清华大学)、李曼丽教授(清华大学)、王晓阳教授(首都师范大学)等在课题评审中提出的宝贵意见。

　　中国工程院范桂梅、马守磊、刘剑老师,清华机械学院刘向锋教授、李双秀老师等对项目的推进给予了大力支持。

在此向以上人员一并表示衷心致谢。

新冠疫情深刻影响着世界经济发展,世界格局与国际秩序面临着重构的可能。构建国际工程教育共同体是化解当前危机、顺应时代发展需要、契合人类命运共同体建设的有效途径。构建国际工程教育共同体是一个多方参与、平等对话、共商共建的过程。本报告所涉及的内容也需要持续跟踪,恳请各位领导和专家批评指正,以便使未来的研究工作不断深化和完善。

"国际工程教育共同体建设研究"项目组

2022 年 10 月